PORTUGUESE
CONVERSATION
MADE NATURAL

Engaging Dialogues to Learn Portuguese

1st Edition

LANGUAGE GURU

Other Books by Language Guru

English Short Stories for Beginners and Intermediate Learners
Spanish Short Stories for Beginners and Intermediate Learners
French Short Stories for Beginners and Intermediate Learners
Italian Short Stories for Beginners and Intermediate Learners
German Short Stories for Beginners and Intermediate Learners
Russian Short Stories for Beginners and Intermediate Learners
Portuguese Short Stories for Beginners and Intermediate Learners
Korean Short Stories for Beginners and Intermediate Learners

English Short Stories for Intermediate Learners
Spanish Short Stories for Intermediate Learners

English Conversation Made Natural
Spanish Conversation Made Natural
French Conversation Made Natural
Italian Conversation Made Natural
German Conversation Made Natural
Russian Conversation Made Natural
Korean Conversation Made Natural

TABLE OF CONTENTS

INTRODUCTION

We all know that immersion is the tried and true way to learn a foreign language. After all, it's how we got so good at our first language. The problem is, it's extremely difficult to recreate the same circumstances when we are learning our second language. We come to rely so much on our native language for everything, and it's hard to make enough time to learn the second one.

We aren't surrounded by the foreign language in our home countries. More often than not, our families can't speak this new language we want to learn. Plus, many of us have stressful jobs or classes to attend. Immersion can seem like an impossibility.

What we can do, however, is to gradually work our way up to immersion, no matter where we are in the world. The way we can do this is through extensive reading and listening. If you have ever taken a foreign language class, chances are you are familiar with intensive reading and listening. In intensive reading and listening, a small amount of text or a short audio recording is broken down line by line, and every new word is looked up in the dictionary.

Extensive reading and listening, on the other hand, is quite the opposite. You read a large number of pages or listen to hours and hours of the foreign language without worrying about understanding everything. You look up as few words as possible and try to get through material from start to finish as quickly as you can. If you ask the most successful language learners, you'll find that the best results are delivered not by intensive reading and listening but, rather, by extensive reading and listening. Volume is exponentially more effective than total comprehension and memorization.

If you cannot understand native Portuguese speakers, it is precisely because of a lack of volume. You simply have not read or listened enough to be able to instantly understand people like you can in your native language. This is why it's so important to invest as much time as possible into immersing yourself in native Portuguese every single day.

To be able to read extensively, you must practice reading in the foreign language for hours every single day. It takes a massive volume of text before your brain stops intensively reading and shifts into extensive reading. Until that point, be prepared to look up quite a few words in the dictionary.

This book provides a few short Portuguese-language dialogues that you can use to practice extensive reading. These conversations were written and edited by native Portuguese speakers from Brazil. They use 100 percent real Portuguese as used by native Portuguese speakers every single day.

We hope these dialogues help build confidence in your overall reading comprehension skills and encourage you to read more native material. We also hope that you enjoy the book and that it brings you a few steps closer to extensive reading and fluency!

HOW TO USE THIS BOOK

T better simulate extensive reading, we recommend keeping things simple and using the dialogues in the following manner:

1. Read each conversation just once and no more.

2. Whenever you encounter a word you don't know, first try to guess its meaning by using the surrounding context before going to the dictionary.

3. After completing the reading for each chapter, test your understanding of the dialogue by answering the comprehension questions. Check your answers using the answer key located at the end of the book.

We also recommend that you read each conversation silently. While reading aloud can be somewhat beneficial for pronunciation and intonation, it's a practice aligned more with intensive reading. It will further slow down your reading pace and make it considerably more difficult for you to get into extensive reading. If you want to work on pronunciation and intonation, a better option would be to speak to a tutor in the foreign language so that you can practice what you have learned.

Memorization of any kind is completely unnecessary. Attempting to forcibly push new information into your brain only serves to eat up your time and make it that much more frustrating when you can't recall the information in the future. The actual language acquisition process occurs subconsciously, and any effort to memorize new vocabulary and grammar structures will store this information only in your short-term memory.

If you wish to review new information that you have learned from the dialogues, several other options would be wiser. Spaced Repetition Systems (SRS) allow you to cut down on your review time by setting specific intervals in which you are tested on information to promote long-term memory storage. Anki and the Goldlist Method are two popular SRS choices that give you the ability to review whatever information you'd like from whatever material you'd like.

Trying to actively review everything you learned through these conversational dialogues will slow you down on your overall path to fluency. While there may be an assortment of things you want to practice and review, the best way to go about internalizing new vocabulary and grammar is to forget it! If it's that important, it will come up through more reading and listening to other sources of Portuguese. Languages are more effectively acquired when we allow ourselves to read and listen to them naturally.

With that, it is time to get started with our main character Christiano and his story told through 29 dialogues. Good luck, reader!

CAPÍTULO 1:

MUDANDO DE CURSOS

(Christiano procurou a coordenadora de sua faculdade para saber se poderia mudar de curso.)

Christiano: Eu não sei bem se o curso que eu estou fazendo é o que eu quero.

Coordenadora: Isso é perfeitamente normal. Muitos de nós divagamos na vida tentando descobrir nosso lugar no mundo.

Christiano: Bom, certamente não é química. Isso eu posso te dizer. Eu era muito bom nisso no ensino médio, mas acho que não posso fazer isso pelo resto da minha vida.

Coordenadora: Eu gostaria de poder dizer qual é a sua verdadeira paixão. Se eu pudesse, essa coisa toda de "escolher um curso e uma carreira" seria muito mais simples agora, não é?

Christiano: Você realmente precisa de uma bola de cristal na sua mesa.

Coordenadora: Eu sei! Eu também poderia vir trabalhar vestida com uma túnica de mago e um turbante.

Christiano: Realmente. Por enquanto, estou indeciso. Não sei se eu vou continuar.

Coordenadora: Ok. É exatamente para isso que servem os primeiros dois anos de faculdade.

Questões de Compreensão

1. Qual era o curso original de Christiano antes que ele decidisse mudar?
   A. História
   B. Química
   C. Aconselhamento
   D. Mago

2. Qual a atitude que Christiano tomou enquanto fazia os dois primeiros anos da faculdade?
   A. Continuar em Química
   B. Comprar uma bola de cristal
   C. Fazer História
   D. Ficar indeciso

3. Sobre o quê Christiano está indeciso?
   A. Se ele vai ou não conversar com o coordenador da universidade
   B. Se ele vai ou não terminar o Ensino Médio
   C. Se ele vai continuar o curso de Química ou não
   D. Se ele vai ou não ao trabalho vestido com um robe e chapéu de mago

English Translation

(Christiano sought out his college coordinator to see if he could change courses.)

Christiano: I'm not sure if the course I'm taking is what I want.

Coordinator: That's perfectly normal. Many of us wander through life trying to find our place in the world.

Christiano: Well, it's certainly not chemistry. I can tell you that. I was really good at it in high school, but I just don't think I can do it for the rest of my life.

Coordinator: I wish I could tell you what your true passion is. If I could, this whole "choosing a course and career" thing would be much more simple now, wouldn't it?

Christiano: You really need a crystal ball at your desk.

Coordinator: I know! I could also come to work dressed in a wizard's robe and hat (turban), too.

Christiano: Absolutely. For now, I'm undecided. I don't know if I will continue.

Coordinator: OK. That's exactly what the first two years of college are for.

CAPÍTULO 2:
SESSÃO DE JOGO

(Christiano vai até a casa do seu melhor amigo, Heitor, para curtir e jogar videogame.)

Heitor: Droga! Eu morri de novo. Este nível é muito difícil, cara.

Christiano: Olha. Nós não estamos trabalhando em equipe. Nunca venceremos esse chefão agindo separadamente.

Heitor: Nossos personagens são como óleo e água. Eles não se misturam.

Christiano: E se eu o distrair enquanto você causa o máximo de dano possível? Quando ele começar a mirar em você, mudaremos de lugar.

Heitor: Como se fosse um jogo de gato e rato?

Christiano: Sim, mas existem dois ratos. E os ratos têm armas.

Heitor: Vamos tentar.

(Os dois retomam o jogo.)

Heitor: Ei, nós conseguimos.

Christiano: Sim!

Heitor: Não acredito que realmente funcionou. Isso foi ótimo! Vamos sair e comer um lanche para comemorar.

Christiano: Tudo bem. Vamos lá.

Questões de Compreensão

1. Quais são as duas substâncias que não se misturam bem?
    A. Óleo e água
    B. Sal e água
    C. Açúcar e água
    D. Fogo e água

2. Como os garotos derrotam o chefão no jogo?
    A. Eles vão buscar lanches para comemorar.
    B. Eles trabalham juntos como uma equipe.
    C. Eles agem separadamente.
    D. Eles compram armas melhores.

3. Como Christiano e Heitor comemoram sua vitória?
    A. Eles dão um aperto de mão.
    B. Eles tocam alguma música.
    C. Eles saem para pegar lanches.
    D. Eles não comemoram sua vitória.

English Translation

(Christiano goes over to his best friend Heitor's house to hang out and play video games.)

Heitor: Dang it! I died again. This level is very hard, man.
Christiano: Look. We're not working as a team. We're never gonna beat this boss by acting separately.
Heitor: Our characters are like oil and water. They don't mix.
Christiano: What if I distract him while you deal as much damage as possible? When he starts aiming at you, we'll change places.
Heitor: Like a cat and mouse game?
Christiano: Yeah, but there are two mice. And the mice have weapons.
Heitor: Let's try it.

(The two resume playing.)

Heitor: Hey, we did it.
Christiano: Yay!
Heitor: I can't believe it really worked. That was great! Let's go out and get a snack to celebrate.
Christiano: Alright. Let's go.

CAPÍTULO 3:
LOJA DE CONVENIÊNCIA

(Os dois estão dentro da loja de conveniência olhando as prateleiras da loja.)

Christiano: E aí, o que você quer comer?

Heitor: Vamos pegar sanduíches.

(Os garotos levam as compras ao caixa. Depois de pagarem pela comida, saem para comer no carro de Christiano.)

Heitor: Uau, isso é realmente bom. É abacate que eu estou provando?

Christiano: Eu acho que é abacate e pimenta vermelha.

Heitor: E aí, o que está acontecendo com você ultimamente? Você disse que quer mudar de curso.

Christiano: Estou pensando. Eu não tenho ideia do que eu quero fazer.

Heitor: Eu também não. Eu nem quero pensar nisso.

Christiano: Mas talvez você precise, não é?

Heitor: Não.

Christiano: Nem quando você tiver 30 anos?

Heitor: Também não.

Christiano: 80?

Heitor: Eu serei um jogador até o dia em que morrer. Você vai ter que arrancar o controle das minhas mãos frias e mortas, quando eu partir.

Questões de Compreensão

1. Em uma loja de conveniência, onde você costuma pagar suas compras?
   A. Na porta
   B. No escritório
   C. No depósito
   D. No caixa

2. Qual item você NÃO encontra em uma loja de conveniência?
   A. Sanduíches
   B. Lanches
   C. Bebidas
   D. Controles de videogame

3. Onde os jovens comeram seus sanduíches?
   A. Dentro da loja de conveniência
   B. Dentro do carro do Heitor
   C. Dentro do carro do Christiano
   D. Dentro dos sanduíches

English Translation

(The two are inside the convenience store looking at the store shelves.)

Christiano: So, what do you want to eat?
Heitor: Let's get sandwiches.

(The boys bring their purchases to the cashier. After paying for the food, they go out to eat in Christiano's car.)

Heitor: Wow, this is really good. Is that avocado I taste?
Christiano: I think it's avocado and red pepper.
Heitor: So, what's going on with you lately? You said you want to change courses.
Christiano: I'm thinking. I have no idea what I want to do.
Heitor: Neither do I. I don't even want to think about it.
Christiano: But maybe you need to, don't you?
Heitor: Nope.
Christiano: Not even when you're 30?
Heitor: Not then either.
Christiano: 80?
Heitor: I will be a gamer to the day I die. You'll have to take the controller out of my cold, dead hands when I'm gone.

CAPÍTULO 4:

PONTUALIDADE

(Christiano trabalha em uma pizzaria, como motorista de entrega meio período. Dentro da loja, Christiano e a gerente-geral da pizzaria estão conversando enquanto dobram caixas de pizza.)

Francisca: E aí eu o demiti. Eu sei que as coisas acontecem, e que em alguns dias você pode se atrasar. Mas não telefonar, não aparecer, é imperdoável.

Christiano: Sei. Ele era legal e divertido, mas não ligar, não aparecer, é muito ruim mesmo.

Francisca: Isso acontece de tempos em tempos. Muitos universitários trabalham aqui, e alguns deles querem ir a festas a noite toda. E aí eles ficam de ressaca ou cansados demais para vir ao trabalho. Eu gostaria que eles ligassem, pelo menos.

Christiano: Nossa, eu acho que você é a chefe mais legal que já tive.

Francisca: Ah, não. Eu ainda demitiria eles se soubesse qual foi a razão pela qual eles ligaram. Precisamos de uma equipe confiável para administrar este lugar.

Christiano: Lembre-me de nunca ficar do seu lado ruim.

Francisca: Você seria um dos primeiros que eu promoveria, sinceramente.

Christiano: Sério?

Francisca: Um segundo gerente seria legal. Eu estou aqui todos os dias e não é bom para minha cabeça. Eu preciso de uma folga.

Christiano: Nossa! Eu nem sei o que dizer!

Francisca: Não precisa. O próximo pedido está pronto. Vá entregar.

Questões de Compreensão

1. O que é "não ligar, não aparecer"?
    A. Um funcionário sendo demitido
    B. Ausência de um funcionário do trabalho sem notificar o
       empregador
    C. Uma regra não escrita no local de trabalho
    D. Uma regra que proíbe o uso de celular no local de trabalho

2. Qual é o oposto de "legal"?
    A. Antiquado
    B. Divertido
    C. Inteligente
    D. Soberana

3. Por que Francisca quer contratar um segundo gerente?
    A. Ela quer competir com as outras pizzarias.
    B. Ela quer ser promovida.
    C. Ela quer sair.
    D. Ela quer tirar uma folga do trabalho para manter sua saúde
       mental.

English Translation

(Christiano works at a pizzeria as a part-time delivery driver. Inside the store, Christiano and the general manager of the pizzeria are chatting while folding pizza boxes.)

Francisca: And then I fired him. I know that things happen and that on some days you can be late. But not calling, not showing up, is unforgivable.

Christiano: I see. He was cool and funny, but not calling, not showing up is really bad.

Francisca: It happens from time to time. Many university students work here, and some of them want to parties all night. And then they get too hungover or too tired to come to work. I would like them to call, at least.

Christiano: Wow, I think you're the coolest boss I've ever had.

Francisca: Oh no. I would still fire them if I knew that was the reason they called. We need a reliable team to manage this place.

Christiano: Remind me to never get on your bad side.

Francisca: You'd be one of the first ones I would promote, honestly.

Christiano: Really?

Francisca: A second manager would be nice. I'm here every day, and it's not good for my head. I need a break.

Christiano: Wow. I don't even know what to say.

Francisca: You don't have to. The next order is ready. Go deliver it.

CAPÍTULO 5:
CONVERSANDO COM
COLEGAS DE CLASSE

(Christiano está na faculdade assistindo a uma aula de economia.)

Professor: É isso por hoje. Não se esqueçam de estudar para o próxima prova. Para cada hora que vocês passam aqui, vocês devem passar pelo menos duas horas revendo.

(Os alunos começam a arrumar seus materiais e saem da sala de aula. Um aluno à esquerda de Christiano inicia uma conversa.)

Colega: Duas horas? Isso é demais! Nós também temos vida, sabia?

Christiano: Sim, é muita coisa.

Colega: Eu sei que temos que estudar para ter uma boa nota e tudo o mais. Mas, cara...

Christiano: E é uma aula de economia, na qual a maioria das pessoas não está se formando. Qual é a sua especialidade?

Colega: Engenharia. E você?

Christiano: Indeciso; então, estou meio que flutuando por enquanto.

Colega: Sei como é. Sim, há muita coisa acontecendo no campus todos os dias. Você ouviu falar do festival de cinema de 48 horas que vai acontecer neste fim de semana?

Christiano: É aquele em que cada equipe tem 48 horas para fazer um filme, não é? Eu ouvi sobre isso. Você vai?

Colega: Claro que vou. Vou entrar com alguns amigos e ver o que acontece. E você?

Christiano: Não, eu não consigo fazer nada relacionado a filmes. Eu nem tenho certeza de que duraria 48 segundos antes de estragar alguma coisa. Mas eu estive pensando em ter aulas de culinária.

Questões de Compreensão

1. De acordo com o professor, se você passou 10 horas em sala de aula, por quantas horas deveria revisar em casa?
   A. 10 horas
   B. 15 horas
   C. 20 horas
   D. 25 horas

2. Quais das alternativas a seguir NÃO são uma graduação na faculdade?
   A. Estudos cinematográficos
   B. Economia
   C. Engenharia
   D. Professor

3. O que acontece no festival de cinema de 48 horas?
   A. As pessoas se reúnem em um grande teatro para assistir a filmes por 48 horas.
   B. As pessoas se reúnem para assistir à estreia de um novo filme que dura 48 horas.
   C. As equipes entram para criar e competir pelo melhor filme em menos de 48 horas.
   D. As equipes entram em uma corrida de ultramaratona de 48 horas e transformam isto em um filme.

English Translation

(Christiano is at college attending an economics lecture.)

Professor: That's it for today. Don't forget to study for the next semester. For every hour you spend here, you should spend at least two hours reviewing.

(The students start packing up their belongings and leaving the classroom. A student to the left of Christiano starts up a conversation.)

Classmate: Two hours? That's way too much! We also have lives, you know?

Christiano: Yeah, it's a lot.

Classmate: I know that we have to study to get a good grade and all. But dude...

Christiano: And it's an economics class, which most people here are not graduating with. What specialty (major) are you?

Classmate: Engineering. And you?

Christiano: Undecided, so I'm kind of just floating around for now.

Classmate: I know how it is. Yeah, there's so much going on campus every day. Did you hear about the 48-hour film festival coming up this weekend?

Christiano: That's the one where each team has 48 hours to make a movie, right? I heard about that. Are you going?

Classmate: Of course I'm going. I'm going to enter with some friends and see what happens. How about you?

Christiano: Nah, I can't do anything related to movies. I'm not even sure I would last 48 seconds before screwing something up. But I've been thinking about taking up cooking classes.

CAPÍTULO 6:
O INGREDIENTE SECRETO

(Christiano participa de uma aula noturna de culinária dentro do centro acadêmico do campus.)

Instrutor: As cebolas são a parte mais importante desta receita. Elas devem ser temperadas adequadamente ou o curry não terá tanto sabor.

Estudante Nº 1: Então, você adiciona sal, pimenta, alho e gengibre ao cozinhar a cebola?

Instrutor: Sim, e agora vem o ingrediente secreto.

Estudante Nº 2: Qual é o ingrediente secreto?

Instrutor: Não seria mais um segredo se eu lhe dissesse.

Christiano: Mas como devemos fazer esse prato em casa?

Instrutor: A pessoa que adivinhar o ingrediente secreto recebe um prêmio!

Estudante Nº 1: OK. É coco?

Instrutor: Não.

Estudante Nº 2: Azeite?

Instrutor: Tente novamente.

Christiano: É amor?

Instrutor: Esse é o ingrediente secreto em tudo, então não.

Estudante Nº 1: Sorvete?

(O instrutor olha friamente para o estudante nº 1.)

Christiano: Eu acho que ele quer dizer que todos nós desistimos.

Instrutor: Muito bem, então. A resposta correta é manjericão. E como ninguém adivinhou corretamente, parece que eu vou curtir o prêmio sozinho.

Questões de Compreensão

1. Com o que o instrutor tempera as cebolas?
    A. Sal, pimenta, alho e gengibre
    B. Sal, pimenta e azeite
    C. Sal, pimenta e óleo de coco
    D. Sorvete

2. Onde ocorre a aula de culinária?
    A. Dentro do centro acadêmico, fora do campus
    B. Dentro de uma sala de aula
    C. Fora do centro acadêmico, fora do campus
    D. Dentro do centro acadêmico, no campus

3. Qual foi o prêmio por adivinhar o ingrediente secreto?
    A. Manjericão
    B. Dinheiro
    C. Sorvete
    D. Desconhecido

English Translation

(Christiano attends an evening cooking class inside the campus academic center.)

Instructor: The onions are the most important part of this recipe. They have to be seasoned properly, or the curry will not taste as good.

Student #1: So, do you add salt, pepper, garlic, and ginger when cooking the onion?

Instructor: Yes, and now comes the secret ingredient.

Student #2: What's the secret ingredient?

Instructor: It wouldn't be a secret anymore if I told you.

Christiano: But how are we supposed to make this dish at home?

Instructor: The person who guesses the secret ingredient gets a prize!

Student #1: OK. Is it coconut?

Instructor: No.

Student #2: Olive oil?

Instructor: Try again.

Christiano: Is it love?

Instructor: That's the secret ingredient in everything, so nope.

Student #1: Ice cream?

(The instructor looks coldly at Student #1.)

Christiano: I think he means that we all give up.

Instructor: Very well then. The correct answer is basil. And since no one guessed right, it looks like I'm going to enjoy the prize alone.

CAPÍTULO 7:
UM ENCONTRO COM
UMA ESTRANHA

(Christiano conheceu alguém on-line através de um aplicativo de namoro. Depois de conversar por alguns dias, eles concordaram em se encontrar pessoalmente para irem a uma cafeteria local.)

Christiano: Oi, você é a Arukia?
Arukia: Sim. Oi.
Christiano: Eu sou o Christiano. Prazer em conhecê-la.
Arukia: Prazer em conhecê-lo também.
Christiano: Você é muito mais bonita pessoalmente.
Arukia: Ah, obrigada. Você também.
Christiano: Então, você vem muito a este café?
Arukia: Sim, às vezes.
Christiano: Quando?
Arukia: Depois da faculdade.
Christiano: Que legal! Qual é o seu curso?
Arukia: Ciência da computação.
Christiano: E o que você está achando do curso?
Arukia: Até que é divertido, eu acho.
Christiano: O que te levou a estudar isso?
Arukia: Hum, bem, paga muito bem.
Christiano: Sério?
Arukia: Sim.

Christiano: Você tem que ter empregos que pagam um bom salário.

Arukia: Hmm.

(Os dois ficam em um silêncio constrangedor por aproximadamente 10 segundos.)

Arukia: Opa! Eu acabei de receber uma mensagem de um amigo. Eu acho que eu deveria ir me encontrar com ele.

Christiano: Ah, tudo bem. Foi um prazer te conhecer.

(Arukia pega suas coisas e sai da cafeteria. Christiano imediatamente pega seu celular e começa a refletir sobre o que deu errado.)

Questões de Compreensão

1. Onde Christiano conheceu Arukia?
   A. Na aula de culinária
   B. Durante uma de suas aulas
   C. Ambos trabalham na mesma pizzaria
   D. Através de um aplicativo de namoro on-line

2. Como você descreveria o tom geral da conversa neste capítulo?
   A. Desajeitada
   B. Sério
   C. Arrogante
   D. Íntimo

3. Quando ocorrerá o segundo encontro entre Christiano e Arukia?
   A. Quando Christiano receber seu próximo salário
   B. Em algum momento do fim de semana
   C. Quando o semestre terminar
   D. Provavelmente não haverá um segundo encontro.

English Translation

(Christiano met someone online through a dating app. After chatting for a few days, they agreed to meet in person to go to a local coffee shop.)

Christiano: Hi, are you Arukia?
Arukia: Yes. Hi.
Christiano: I'm Christiano. Nice to meet you.
Arukia: Nice to meet you, too.
Christiano: You are much more beautiful in person.
Arukia: Ah, thanks. You, too.
Christiano: So, do you come to this cafe a lot?
Arukia: Yeah, sometimes.
Christiano: When?
Arukia: After school.
Christiano: How cool! What is your course (major)?
Arukia: Computer science.
Christiano: And what do you think of the program?
Arukia: It's kind of fun, I guess.
Christiano: What led you to study this?
Arukia: Um, well, it pays pretty well.
Christiano: Really?
Arukia: Yup.
Christiano: You have to have jobs that pay a good salary.
Arukia: Hmm.

(The two are in an awkward silence for roughly 10 seconds.)

Arukia: Whoa! I just got a text from a friend. I think I should go meet him.
Christiano: Oh, OK. It was a pleasure meeting you.

(Arukia picks up her belongings and leaves the coffee shop. Christiano immediately takes out his cell phone and starts to reflect what went wrong.)

CAPÍTULO 8:
MUSCULAÇÃO

(Christiano decidiu começar a se exercitar na academia de ginástica da faculdade, no campus. Ele está prestes a começar a levantar pesos, quando decide pedir ajuda a um atleta do local.)

Christiano: Com licença. Desculpe incomodá-lo.

Atleta: Tudo bem. O que eu posso fazer por você?

Christiano: Acabei de começar a musculação hoje e fiquei pensando: como você ficou tão magro e musculoso? É realmente impressionante.

Atleta: Ah, obrigado. É preciso muito trabalho e tempo, como qualquer outra coisa.

Christiano: Digamos que você tenha oito semanas para entrar em forma começando do zero. O que você faria?

Atleta: Bom, você terá resultados bastante limitados se se exercitar por apenas oito semanas. A indústria do fitness quer que você acredite que pode ter o físico de um modelo profissional em oito semanas se você comprar o que eles estão vendendo.

Christiano: Eu não sei. Eu já vi muitas fotos incríveis de antes e depois.

Atleta: Esse é outro truque. Esses atores pagos já tinham muito músculo antes de fazer dieta para cortar toda a gordura.

Christiano: Tudo bem, então. Que tipo de programa de oito semanas você recomendaria para iniciantes?

Atleta: Eu vou te dizer uma coisa. Se você começar com o básico e fizer agachamentos pesados, levantamento terra e supino, verá alguns ganhos reais de força e massa muscular.

Christiano: OK. Você pode me mostrar quais aparelhos eu uso para fazer esses exercícios?

Atleta: Estes são exercícios com barra. Você triplicará os ganhos se treinar com a barra.

Christiano: Não sei. Isso parece muito difícil.

Atleta: Tem que ser difícil. É exatamente assim que você fica grande e forte.

Christiano: Eu vou manter isso em mente. O que você faria em termos de dieta?

Atleta: Você precisa comer um pequeno excedente calórico que é cerca de 200 a 300 calorias acima do que normalmente come. E não porcarias, mas alimentos nutritivos que também são ricos em proteínas.

Christiano: Você quer dizer que tenho que contar calorias?

Atleta: Não precisa, necessariamente. Comece cortando todas as besteiras da sua dieta e substituindo-as por muitos alimentos saudáveis.

Christiano: Entendi. Eu realmente gostei da sua ajuda. Verei o que posso fazer.

(Acabrunhado pela informação que lhe foi dada pelo atleta, Christiano decide correr na esteira.)

Questões de Compreensão

1. Qual das opções a seguir descreve com mais precisão o físico do atleta?
    A. Maciço e volumoso
    B. Magro e musculoso
    C. Frágil e magro
    D. Fofo e flácido

2. O que significa "entrar em forma"?
    A. Tornar-se fisicamente mais apto(a) através do exercício
    B. Dobrar algo em uma forma específica para que se encaixe em outra coisa
    C. Tornar-se um super-herói
    D. Curvar o corpo para realizar certos exercícios

3. O atleta recomenda que Christiano faça o seguinte, EXCETO...
    A. Comer alimentos nutritivos com um excedente calórico.
    B. Comer porcarias com déficit calórico.
    C. Cortar todas as besteiras da dieta.
    D. Fazer exercícios com barra.

English Translation

(Christiano decided to start exercising at the college gym on campus. He is just about to start lifting weights when he decides to ask an athlete from the gym for help.)

Christiano: Excuse me. Sorry to bother you.

Stranger: That's OK. What can I do for you?

Christiano: I just started weight training today, and I was wondering, how did you get so lean and muscular? It's really impressive.

Stranger: Oh, thanks. It takes a lot of work and time just like anything else.

Christiano: Let's say you had eight weeks to get into shape starting from scratch. What would you do?

Stranger: Well, you're going to get pretty limited results if you work out for only eight weeks. The fitness industry wants you to believe that you can get the physique of a professional model in eight weeks if you buy what they are selling.

Christiano: I don't know. I've seen a lot of amazing before-and-after photos.

Stranger: That's another trick. Those paid actors already had a lot of muscle on them before they went on a diet to cut all the fat.

Christiano: Alright then. What kind of eight week program would you recommend for beginners?

Stranger: I'll tell you what. If you start with the basics and do heavy squats, deadlifts, and bench presses, you'll see some real gains in strength and muscle mass.

Christiano: OK. Can you show me which machines I use to do those exercises?

Stranger: These are barbell exercises. You'll get triple the gains if you train with the bar.

Christiano: I don't know. That seems pretty hard.

Stranger: It has to be difficult. That's exactly how you get big and strong.

Christiano: I'll keep that in mind. What would you do in terms of diet?

Stranger: You need to eat a small calorie surplus that's about 200 to 300 calories above what you normally eat. And not crap but nutritious foods that are also high in protein.

Christiano: Do you mean I have to count calories?

Stranger: You don't have to necessarily. Start by cutting all the crap in your diet and replacing it with lots of healthy foods.

Christiano: I got it. I really appreciate your help. I'll see what I can do.

(Overwhelmed by the information given to him by the athlete, Christiano decides to run on the treadmill.)

CAPÍTULO 9:
A ÚLTIMA TENDÊNCIA

(Christiano vai até a casa de Heitor para passar a noite.)

Heitor: E aí, como foi esse encontro, esta semana, com aquela garota?

Christiano: Terrível. Não durou mais do que três minutos.

Heitor: Nossa. Foi um daqueles encontros em que tudo ficou imediatamente estranho?

Christiano: Praticamente. Eu estou achando que é por causa da minha aparência, mas nunca se sabe, não é?

Heitor: Pelo menos você está se permitindo. Você com certeza encontrará alguém se continuar tentando.

Christiano: E você? Eu sei que você está com pouco dinheiro, mas...

Heitor: Você acabou de responder à sua própria pergunta.

Christiano: Como está indo a procura de emprego?

Heitor: Bem. Ei, você ouviu falar do anúncio hoje?

Christiano: Não. O que foi?

Heitor: Eles anunciaram o novo RPG hoje. Parece completamente insano. Eles até contrataram algumas celebridades super famosas para fazer a dublagem. A antecipação deste jogo é surreal. Eu encomendei logo depois do evento de imprensa.

Christiano: A Internet está sempre pegando fogo por causa de alguma coisa. Eu ainda não joguei o maior jogo lançado este ano. Parece que, assim que eu terminar um jogo, mais 10 aparecerão e as pessoas vão me dizer para jogar. Eu simplesmente não consigo acompanhar.

Heitor: Eu consigo.

Christiano: Como?

Heitor: Fácil. Eu não tenho vida. Faça isso e de repente você tem todo o tempo do mundo. Problema resolvido.

Questões de Compreensão

1. O que significa "se permitir"?
    A. Sair
    B. Escapar do perigo
    C. Fazer um esforço considerável
    D. Colocar-se em uma situação perigosa

2. O que é uma "celebridade super famosa"?
    A. Uma celebridade atualmente no topo de sua carreira
    B. Uma celebridade que aparece em uma lista
    C. Uma celebridade que obteve notas altas na faculdade
    D. Uma celebração de celebridades

3. O que significa "não ter vida"?
    A. Estar morto
    B. Estar inconsciente
    C. Usar todo o seu esforço em um videogame
    D. Passar o tempo todo sem fazer nada significativo ou
       relevante

English Translation

(Christiano goes to Heitor's house to spend the night.)

Heitor: So, how was that date this week with that girl?

Christiano: Terrible. It didn't last longer than three minutes.

Heitor: Wow. Was it one of those dates where everything immediately got awkward?

Christiano: Pretty much. I'm thinking it's because of my appearance, but you never know, right?

Heitor: At least you're making yourself available. You're bound to find someone if you keep trying.

Christiano: What about you? I know you're low on money but...

Heitor: You just answered your own question.

Christiano: How's the job search going?

Heitor: Good. Hey, did you hear about the announcement today?

Christiano: No. What was it?

Heitor: They announced the new RPG today. It looks absolutely insane. They even hired some super famous celebrities to do the voice acting. The anticipation surrounding this game is surreal. I ordered it immediately after the press event.

Christiano: The internet is always on fire over something. I still haven't played the biggest game released this year. It's like that as soon I finish a game, 10 more will appear, and people will tell me to play. I just can't keep up.

Heitor: I can.

Christiano: How?

Heitor: Easy. I have no life. Do that and suddenly you have all the time in the world. Problem solved.

CAPÍTULO 10:
SACRIFÍCIO

(Christiano está conversando com Francisca enquanto monta caixas de pizza.)

Francisca: Temos muitas entregas para hoje à noite. Vai ser uma noite movimentada. Eu gosto quando está movimentado. Quando isto acontece, o tempo voa e chegamos em casa antes que você perceba.

Christiano: Ouvi dizer que você tem um filho. Quantos anos ele tem?

Francisca: Ele completou 15 anos outro dia.

Christiano: Então, ele fica em casa com o pai enquanto você está aqui à noite?

Francisca: Querido, ele tem um "pai", mas não um pai de verdade.

Christiano: Então, você o criou sozinho?

Francisca: Sim. Claro, meu filho não vê dessa maneira. Eu tinha que ir trabalhar quase todos os dias para pagar nossas contas; então, nós não passamos muito tempo juntos. Minha mãe, a avó dele, é quem cuidou dele enquanto eu trabalhava.

Christiano: Mas agora ele tem idade suficiente para ficar em casa sozinho, certo?

Francisca: Sim. É bom para minha mãe, que precisava de um tempo, mas agora ele está sozinho, sabe?

Christiano: Isso é difícil.

Francisca: Competimos com outras duas pizzarias e é preciso dar tudo o que tenho para manter esse lugar aberto. Se eu tirar um dia de folga, recebo uma ligação do proprietário, e ele nunca liga a menos que seja algo ruim.

Christiano: Nossa, isso é muito para lidar. Se isso faz você se sentir melhor, um dia ele olhará para trás e perceberá o quanto sua mãe se sacrificou por ele.

Francisca: Esse dia pode ser hoje, por favor?

Questões de Compreensão

1. Por que Francisca gosta de noites agitadas?
   A. Ela ganha mais dinheiro nessas noites.
   B. O tempo passa rápido, o que significa que todo mundo chega em casa mais cedo.
   C. O proprietário vem visitar.
   D. Significa que haverá uma festa de comemoração depois do trabalho.

2. Como o filho de Francisca foi criado?
   A. Por Francisca e seu marido, que trabalhavam o tempo todo
   B. Por Francisca, que trabalhava o tempo todo, e pela mãe de Francisca, que cuidava dele em casa
   C. Por pais adotivos que cuidavam dele em casa
   D. Por um orfanato

3. O que acontece se Francisca tira um dia de folga?
   A. A pizzaria pegará fogo.
   B. Os funcionários protestarão.
   C. O proprietário ligará para ela e a repreenderá.
   D. Os clientes não pedirão comida.

English Translation

(Christiano is chatting with Francisca while assembling pizza boxes.)

Francisca: We have a lot of deliveries for tonight. It's going to be a busy night. I like it when it's busy. When it is, time flies, and we get home before you know it.

Christiano: I heard you have a son. How old is he?

Francisca: He just turned 15 the other day.

Christiano: So, he stays home with his dad while you're here at night?

Francisca: Honey, he has a father but not a dad.

Christiano: So, you raised him all by yourself?

Francisca: Yes. Of course, my son doesn't see it that way. I had to go to work almost every day to pay our bills; so, we didn't get to spend too much time together. My mom, his grandmother, is the one who looked after him while I worked.

Christiano: But now he is old enough to stay home alone, right?

Francisca: Yes. It's good for my mom, who needed the time off, but now he's alone, you know?

Christiano: That's rough.

Francisca: We compete with two other pizzerias, and I have to give everything I have to keep this place open. If I take a day off, I get a call from the owner, and he never calls unless it's something bad.

Christiano: Wow, that's a lot to deal with. If it makes you feel any better, one day he will look back and realize how much his mom sacrificed for him.

Francisca: Can that day be today, please?

CAPÍTULO 11:
CONVERSANDO COM CLIENTES

(Christiano está fora, em uma entrega. Ele chega ao apartamento do cliente e toca a campainha com o pedido em mãos. Um homem de meia-idade abre a porta.)

Christiano: Olá. Eu tenho uma pizza de abacaxi para o apartamento 312.

Cliente: É para mim. Aqui está o dinheiro do pedido. Pode ficar com o troco.

Christiano: Obrigado.

Cliente: Parece que você é um estudante de faculdade. Estou certo?

Christiano: Sim, senhor.

Cliente: Passei os melhores quatro anos da minha vida ali. Aproveite enquanto puder, porque esses anos dourados terão passado antes que você perceba.

Christiano: Com certeza vou tentar.

Cliente: O que você estuda?

Christiano: Eu fiz Química um pouco, mas agora não tenho certeza do que quero fazer.

Cliente: Não se preocupe com isso. Você tem toda a sua vida para descobrir isso. Você é jovem. Apenas aproveite a vida da faculdade. Festas, bebidas, novos amigos e as mulheres!

Christiano: Eu vou! Ah, a propósito, se você não se importa que eu pergunte, o que você estudou?

Cliente: História. Embora isso não tenha me ajudado, no final. Eu não consegui encontrar um emprego depois da formatura, então agora também sou motorista de entregas.

Questões de Compreensão

1. Como o cliente pagou pela pizza?
    A. Com cartão de crédito
    B. Com cheque
    C. Em dinheiro
    D. Por boleto

2. Qual foi o conselho do cliente para Christiano?
    A. Não se preocupe tanto com a faculdade e, em vez disso, festeje.
    B. Entre em um relacionamento de longo prazo rapidamente, se estabeleça e se case.
    C. Concentre toda sua atenção e tempo nos seus estudos.
    D. Concentre-se em acumular o máximo de dinheiro possível, para poder começar a se preparar para o seu futuro.

3. Qual era o problema do cliente em estudar História?
    A. Ele achou muito chato.
    B. Ele descobriu que os trabalhos relacionados à História não pagavam tanto quanto ele queria.
    C. Ele não conseguiu encontrar um emprego depois de se formar.
    D. Ele abandonou a faculdade.

English Translation

(Christiano is out on a delivery. He arrives at the customer's apartment and rings the doorbell with the order in hand. A middle-aged man opens the door.)

Christiano: Hi there. I have a pineapple pizza for apartment 312.

Customer: It's for me. Here's the money for the order. You can keep the change.

Christiano: Thank you.

Customer: You look like you're a college student. Am I right?

Christiano: Yes, sir.

Customer: I spent the best four years of my life there. Enjoy it while you can because those golden years will be gone before you know it.

Christiano: I will certainly try.

Customer: What do you study?

Christiano: I did chemistry for a bit, but now I'm not sure what I want to do.

Customer: Don't worry about that. You have your whole life to figure that out. You're young. Just enjoy the college life. Parties, drinking, new friends, and the women!

Christiano: I will! Oh, by the way, if you don't mind me asking, what did you study?

Customer: History. Although it didn't help me in the end. I couldn't find a job after graduation, so now I'm also a delivery driver.

CAPÍTULO 12:
CONSULTANDO LIVROS

(Christiano está na biblioteca do campus, procurando um livro inspirador. Ele encontra um livro que gostaria de ler e vai pegar emprestado.)

Christiano: Olá, gostaria de pegar este livro emprestado.
Bibliotecário: OK. Você tem seu cartão de estudante?
Christiano: Sim. Aqui está.
Bibliotecário: Tudo bem. Deixe-me colocar este livro em seu nome.

(Passam-se alguns momentos de silêncio.)

Christiano: Você já leu alguma coisa do autor deste livro?
Bibliotecário: Na verdade não. Que tipo de autor ele é?
Christiano: Ouvi dizer que ele escreve sobre a vida de pessoas que fizeram história. Muitas pessoas me recomendaram os livros dele, por causa da sabedoria prática que eles contêm.
Bibliotecário: Ah, isso parece bom. Eu sou mais um leitor de ficção. Eu acho que todas as grandes histórias têm alguma sabedoria escondida. Mas o que eu mais gosto na ficção é que o leitor tem que encontrar e interpretar essa lição de vida por si mesmo.
Christiano: Para mim, por causa da escola, sempre associei ler romances ao tédio.
Bibliotecário: Então é por isso que você lê não-ficção?

Christiano: Eu realmente não leio muito. Este é o primeiro livro que peguei fora da escola.

Questões de Compreensão

1. Do que você precisa para pegar um livro da biblioteca da faculdade?
    A. Um cartão de estudante
    B. Dinheiro
    C. Uma carteira de motorista
    D. Um RG

2. Sobre o que o autor do livro de Christiano está interessado em escrever?
    A. Sobre a vida dos bibliotecários
    B. Sobre a vida de pessoas que fizeram história
    C. Sobre a história da sabedoria prática
    D. Sobre a história das pessoas e do mundo

3. Por que o bibliotecário prefere ficção?
    A. É mais divertido e emocionante do que a não-ficção.
    B. Cabe ao leitor encontrar as lições de sabedoria e vida contidas na história.
    C. Possui histórias de fantasia, ficção científica e romance.
    D. É mais sensato ler ficção do que não-ficção.

English Translation

(Christiano is in the campus library, looking for an inspiring book. He finds a book that he would like to read and goes to borrow it.)

Christiano: Hi, I'd like to borrow this book.
Librarian: OK. Do you have your student card?
Christiano: Yes. Here it is.
Librarian: All right. Let me just put this book in your name.

(There are some moments of silence.)

Christiano: Have you read anything from the author of this book?
Librarian: Not really. What kind of author is he?
Christiano: I've heard that he writes about the lives of people who have made history. So many people have recommended his books to me because of the practical wisdom they contain.
Librarian: Ah, that sounds good. I'm more of a fiction reader. I think all great stories have some hidden wisdom. But what I like about fiction is that the reader has to find and interpret that life lesson for themselves.
Christiano: For me, because of school, I've always associated reading novels with boredom.
Librarian: So, that's why you read non-fiction?
Christiano: I don't really read much. This is the first book I've picked up outside school.

CAPÍTULO 13:

TEMPO PARA A FAMÍLIA

(Christiano está deitado no sofá na sala de estar de seu apartamento, apreciando seu novo livro, quando sua mãe volta das compras.)

Mãe: Oi, Christiano.

Christiano: Bem-vinda de volta.

Mãe: Obrigada. O novo supermercado aqui é tão barato. Eu adoro isso!

Christiano: Ah, é? O que você comprou?

Mãe: Comprei todos os nossos legumes pela metade do preço. Rabanetes frescos, abóboras e couve. Eu também peguei frutas muito baratas. Temos maçãs, morangos e mirtilos.

Christiano: Ótimo. O que nós vamos jantar hoje à noite?

Mãe: Na verdade, eu estava pensando em pedir delivery de comida hoje à noite. Que tal sopa e sanduíches?

Christiano: Eu adoraria alguns.

Mãe: Ótimo! A propósito, para que aula é esse livro?

Christiano: Não é para a aula. Eu peguei na biblioteca.

Mãe: Ah! Terminou o estudo do dia?

Christiano: Mãe, eu nem sei o que eu quero estudar.

Mãe: Eu pensei que você estava fazendo Química.

Christiano: Eu desisti e estou indeciso sobre o que eu vou estudar, por enquanto.

Mãe: Bem, é bom que você esteja mantendo seu cérebro afiado. O que você acha de fazer outra coisa relacionada à ciência?

Christiano: Química foi a ciência que eu mais gostei, mas não tenho mais certeza de que é a minha verdadeira paixão.

(Christiano enterra o rosto no livro.)

Christiano: Mãe, por que a vida tem que ser tão difícil?
Mãe: Há uma citação muito boa de Bruce Lee, que eu adoro. "Não reze por uma vida fácil. Reze pela força para suportar uma difícil."

Questões de Compreensão

1. O que a mãe de Christiano disse que comprou no supermercado?
    A. Lámen, picles, pepinos, damascos, sundaes e bananas
    B. Arroz, pizza, cenoura, nozes, saladas e bagels
    C. Condimento, abacaxi, bolo, aspargos, sanduíches e bacon
    D. Rabanetes, abóboras, couve, maçãs, morangos e mirtilos

2. O que Christiano e sua mãe vão jantar hoje à noite?
    A. Eles farão sopa e sanduíches em casa.
    B. Eles receberão sopa e sanduíches em casa de um restaurante por delivery.
    C. Eles comerão sopa e sanduíches em um restaurante.
    D. Eles irão até a casa de um amigo para comer sopa e sanduíches.

3. Qual dos seguintes campos de estudo NÃO está relacionado à ciência?
    A. Química
    B. Física
    C. Biologia
    D. Criptologia

English Translation

(Christiano is lying on the couch in the living room of his apartment, enjoying his new book, when his mom comes back from shopping.)

Mom: Hey, Christiano.

Christiano: Welcome back.

Mom: Thanks. The new grocery store here is so cheap. I love it!

Christiano: Oh yeah? What did you buy?

Mom: I got all our vegetables for half the price. Fresh radishes, pumpkins, and cabbage. I also got very cheap fruits. We have apples, strawberries, and blueberries.

Christiano: Great. What are we having for dinner tonight?

Mom: Actually, I was thinking about ordering (food) delivery tonight. How about soup and sandwiches?

Christiano: I'd love some.

Mom: Great! By the way, what class is that book for?

Christiano: It's not for class. I got it from the library.

Mom: Ah! Did you finish studying for the day?

Christiano: Mom, I don't even know what I want to study.

Mom: I thought you were doing chemistry.

Christiano: I gave up, and I'm indecisive about what I'm going to study for now.

Mom: Well, it's good that you're keeping your brain sharp. What do you think about doing something else related to science?

Christiano: Chemistry was the science I liked the most, but I'm not sure it's my true passion anymore.

(Christiano buries his face into the book.)

Christiano: Mom, why does life have to be so hard?

Mom: There's a really good quote by Bruce Lee, which I love. "Pray not for an easy life. Pray for the strength to endure a difficult one."

CAPÍTULO 14:
A DEFINIÇÃO DE GÊNIO

(Christiano e Heitor estão bebendo em um bar local.)

Heitor: Como assim, não existe um gênio?

Christiano: O que chamamos de gênio é apenas alguém que descobriu quais são seus talentos naturais e passou mais de 10 anos aperfeiçoando eles. As pessoas veem apenas o resultado final e nenhum trabalho duro, por isso é fácil chamá-lo de gênio.

Heitor: Mas, e o Mozart? Ele não era um garoto prodígio?

Christiano: Esse é um ótimo exemplo. O que as pessoas não consideram é que ele demonstrou um nível muito alto de interesse pela música desde muito cedo. E seu pai era músico profissional, compositor, maestro e professor. Quando Mozart completou três anos, ele estava recebendo aulas de piano de nível profissional o dia todo, todos os dias, de seu pai. À noite, seus pais tinham que afastá-lo do piano apenas para ele poder dormir.

Heitor: Hmm, eu não sei. Como você pode acreditar que não existe um gênio? De onde você está tirando esse argumento?

Christiano: De um livro.

Heitor: Você acreditaria em algo que lê em um único livro?

Christiano: Bem, eu já ouvi este argumento em outro lugar, também. Como seres humanos, não queremos aceitar nossos erros e falhas pessoais; por isso, é mais fácil olhar para as pessoas de sucesso e chamar elas de sortudas, talentosas ou geniais.

Heitor: Epa! Você está dizendo que as pessoas não têm sorte? E os campos incrivelmente competitivos, como o teatro ou o YouTube?

Christiano: A sorte é realmente um fator, sem dúvida. O que estou dizendo é que, se você quer mais sorte, precisa arriscar mais vezes.

(Enquanto Christiano está falando, Heitor olha por cima do ombro de Christiano e vê duas garotas atraentes sentadas em outra mesa.)

Heitor: Falando em arriscar mais, vejo algumas oportunidades do outro lado da sala agora. Vem comigo.

Questões de Compreensão

1. Como Christiano define o que é um "gênio"?
   A. Alguém que é incrivelmente inteligente e habilidoso
   B. Alguém que inventa algo revolucionário
   C. Alguém que descobriu seus talentos naturais e passou 10 anos aperfeiçoando-os
   D. Alguém que passou mais de 10 anos procurando seus talentos naturais

2. Qual é a outra palavra para "gênio"?
   A. Intelectual
   B. Perfeito
   C. Prodígio
   D. Profissional

3. Segundo Christiano, "se você quer mais sorte...
   A. tem que deixar rolar."
   B. tem que ter sorte."
   C. tem que arriscar mais vezes."
   D. Precisa encontrar uma ferradura ou um trevo de quatro folhas."

English Translation

(Christiano and Heitor are drinking in a local bar.)

Heitor: What do you mean there's no such thing as a genius?

Christiano: What we call genius is just someone who has figured out his natural talents and has spent over 10 years perfecting them. People see only the end result and none of the hard work, so it's just easy to call him a genius.

Heitor: But what about Mozart? Wasn't he a boy prodigy?

Christiano: That's a great example. What people don't consider is that he had shown a very high level of interest in music from a very early age. And his father was a professional musician, composer, conductor, and teacher. When Mozart turned three, he was taking professional-level piano lessons all day, every day from his dad. At night, his parents had to keep him away from the piano just so he could sleep.

Heitor: Hmm, I don't know. How can you believe that there's no such thing as a genius? Where are you getting this argument from?

Christiano: From a book.

Heitor: You would believe something you read in a single book?

Christiano: Well, I've heard this argument elsewhere, too. As humans, we don't want to accept our personal mistakes and failures, so it's easier to look at successful people and call them lucky, talented, or genius.

Heitor: Whoa! Are you saying people are not lucky? What about incredibly competitive fields like acting or YouTube?

Christiano: Luck is definitely a factor, no doubt. What I'm saying is that if you want more luck, you gotta take more chances.

(While Christiano is talking, Heitor looks over Christiano's shoulder and spots two attractive girls sitting at another table.)

Heitor: Speaking of taking more chances, I see some opportunities across the room now. Come with me.

CAPÍTULO 15:
ENTENDENDO UMA RECEITA

(Christiano está na farmácia local para pegar um novo medicamento.)

Christiano: Oi, eu estou aqui para pegar o meu remédio.
Farmacêutico: OK. Qual o seu nome?
Christiano: Christiano Ferreira.
Farmacêutico: E sua data de nascimento?
Christiano: 20 de fevereiro de 2000.
Farmacêutico: OK. Ótimo. Eu volto já.

(O farmacêutico vai buscar o medicamento de Christiano.)

Farmacêutico: Tudo certo. Tem alguma dúvida sobre como tomar este medicamento?
Christiano: Sim. Eu tomo de manhã e à noite, não é?
Farmacêutico: Isso mesmo.
Christiano: Eu tomo nas refeições ou posso tomar com o estômago vazio?
Farmacêutico: Os dois estão certos.
Christiano: Entendi. E se eu tomar o medicamento em horários diferentes durante o dia? Minha agenda muda o tempo todo por causa do trabalho e da faculdade.
Farmacêutico: Desde que cada dose seja tomada durante a manhã e durante a noite, tudo bem.

Christiano: OK, obrigado. Só uma coisa! Esqueci de perguntar uma última coisa. Eu engulo a pílula, não é? Ou é para mastigar?

Farmacêutico: Tem que engolir. Não pode mastigar. Fora isso, posso te ajudar com mais alguma coisa?

Christiano: Sim. Onde fica o bebedouro? Eu preciso tomar isso o mais rápido possível.

Questões de Compreensão

1. Onde você vai buscar medicamentos?
    A. Farmácia
    B. Consultório médico
    C. Escola
    D. Local de trabalho

2. Christiano deve tomar seus medicamentos sem precisar comer ou só depois de se alimentar?
    A. Depois de comer
    B. Não precisa se alimentar.
    C. Tanto faz
    D. Depende da situação.

3. Qual das alternativas a seguir NÃO é uma administração oral de medicação?
    A. Injetando
    B. Engolindo
    C. Mastigando
    D. Bebendo

English Translation

(Christiano is at his local pharmacy to get a new medicine.)

Christiano: Hi, I'm here to pick up my medicine.
Pharmacist: OK. What's your name?
Christiano: Christiano Ferreira.
Pharmacist: And your date of birth?
Christiano: February 20, 2000.
Pharmacist: OK. Great. I'll be right back.

(The pharmacist goes to retrieve Christiano's prescription.)

Pharmacist: Alright. Do you have any questions about how to take this medication?
Christiano: Yes. I take it in the morning and night, right?
Pharmacist: That's right.
Christiano: Do I take it with meals or can I take it on an empty stomach?
Pharmacist: Both are right.
Christiano: I see. What if I take the medication at different times during the day? My schedule changes all the time due to work and school.
Pharmacist: As long as each dose is taken in the morning and at night, it's fine.
Christiano: OK, thank you. Just one thing! I forgot to ask one last thing. I swallow the pill, right? Or is it chewable?
Pharmacist: You have to swallow it. You can't chew it. Other than that, can I help you with something else?
Christiano: Yes. Where's the water fountain? I need to take it as soon as possible.

CAPÍTULO 16:
ENTREVISTA COM
UMA TESTEMUNHA

(Christiano está em casa assistindo ao noticiário na TV.)

Apresentador: As autoridades dizem que o paradeiro do suspeito ainda é desconhecido. O que sabemos é que ele é do sexo masculino, com idade entre 18 e 35 anos e aproximadamente 1,80 metro de altura. Agora, vamos a uma entrevista com uma espectadora que foi testemunha no local.

(A câmera corta para um correspondente de notícias e uma mulher de meia idade.)

Repórter: A senhora pode resumir o que viu?
Testemunha: Eu estava voltando do trabalho quando percebi que alguém estava dançando loucamente no cruzamento logo à frente. Quando cheguei no cruzamento, vi que ele estava usando uma grande máscara de cavalo e estava vestindo apenas a roupa de baixo. Pensei que eu estava vendo coisas ou algo assim, mas não, isso realmente aconteceu hoje.
Repórter: Por quanto tempo essa pessoa continuou a fazer isso?
Testemunha: Desde o momento em que eu o vi, foi um minuto.
Repórter: O que aconteceu depois disso?

Testemunha: Ele fez uma reverência rápida e depois correu pela rua. Depois de 30 segundos, alguns carros da polícia apareceram com as sirenes tocando alto.

(A câmera volta para o âncora do estúdio.)

Apresentador: Isso marca a terceira aparição do dançarino mascarado nos últimos meses. Como em todas as aparições, vários crimes de invasão foram relatados perto do show do homem mascarado. As autoridades suspeitam de uma conexão entre os eventos.

Questões de Compreensão

1. Qual das opções a seguir NÃO é sinônimo da palavra "repórter"?
    A. Apresentador de notícias
    B. Correspondente
    C. Jornalista
    D. Testemunha

2. Que traje o dançarino mascarado usava?
    A. Apenas roupas íntimas
    B. Smoking completo
    C. Roupa casual de negócios
    D. Semiformal

3. Qual das alternativas a seguir é sinônimo de "invasão de domicílio"?
    A. Crime
    B. Roubo
    C. Incêndio
    D. Falsificação

English Translation

(Christiano is at home watching the news on TV.)

Newscaster: Authorities say that the whereabouts of the suspect are still unknown. What we do know is that the he is male, between the ages of 18 and 35, and approximately 1.80 meters tall. Now, let's go to an interview with a bystander who was a witness at the scene.

(The camera cuts to a news correspondent and a middle-aged woman.)

Reporter: Can you summarize what you saw?

Witness: I was walking home from work when I noticed someone was dancing madly at the intersection just ahead. When I arrived at the intersection, I saw that he had on a large horse mask and was wearing only his underwear. I thought I was seeing things or something, but no, that actually happened today.

Reporter: How long did this person continue?

Witness: From the moment I saw him, it was one minute.

Reporter: What happened after that?

Witness: He took a quick bow and then ran down the street. After 30 seconds, a few cop cars showed up with their sirens blazing loud.

(The camera returns to the studio anchor.)

Newscaster: This marks the third appearance of the masked dancer in recent months. As with every appearance, several breaking-and-entering crimes have been reported near the masked man's show. Authorities suspect a connection between the events.

CAPÍTULO 17:
COMBINANDO FORÇAS

(Christiano está participando de uma palestra de História Mundial no campus.)

Professor: Não se esqueçam de que as próximas provas serão daqui a duas semanas. Esta prova conta como 25% das suas notas totais. Se vocês ainda não começaram a se preparar para a prova, o melhor momento seria agora. Isso é tudo por hoje. Aproveitem o resto da tarde.

(Os alunos começam a arrumar seus materiais e dirigem-se para a saída. Outro aluno aproxima-se de Christiano.)

Estudante Nº 1: Oi. Você estaria interessado em fazer um grupo de estudo para ajudar a se preparar para o exame?
Christiano: Claro. Quantos tem até agora?
Estudante Nº 1: Bom, agora que você entrou, são duas pessoas.
Christiano: Ah, sei. É...
Estudante Nº 1: Não se preocupe. Tudo o que temos a fazer é pegar mais algumas pessoas antes delas saírem.

(Christiano concorda. Os dois alunos separaram-se para encontrar mais membros para adicionar ao seu grupo recém-formado.)

Christiano: Oi. Está procurando um grupo de estudos para a prova do semestre?

Estudante Nº 2: Isso realmente parece uma boa ideia. Eu vou me juntar.

Christiano: OK, ótimo. Agora só precisamos de um horário e um lugar.

(Christiano e quatro outros alunos formam um círculo para marcar a hora e o local da reunião.)

Estudante Nº 2: Eu estava pensando que poderíamos nos encontrar nesta sexta-feira às 18 horas na biblioteca. Tudo bem por vocês?

(Os alunos concordam, trocam informações de contato e separam-se logo depois.)

Questões de Compreensão

1. Que evento importante vai acontecer daqui duas semanas?

   A. Os alunos receberão sua média final.

   B. A turma vai ter uma prova.

   C. Algo de importância histórica vai acontecer.

   D. Os alunos vão começar a se preparar para a prova.

2. Como os alunos formaram o grupo de estudo?

   A. Eles perguntaram e convidaram colegas de classe no final da aula.

   B. Eles publicaram um anúncio no quadro de avisos.

   C. Eles organizaram grupos através de um fórum on-line.

   D. Eles convidaram outros estudantes em festas.

3. Como os alunos fizeram contato?

   A. Eles ficaram em círculo e deram as mãos.

   B. Eles trocaram informações de contato.

   C. Todos eles moram no mesmo prédio.

   D. Eles acenaram em concordância.

English Translation

(Christiano is attending a world history lecture on campus.)

Professor: Don't forget that the next tests will be in two weeks. This one test counts for 25 percent of your total grade. If you haven't started preparing for the test, the best time would be now. That will be all for today. Enjoy the rest of the afternoon.

(The students start packing up their belongings and heading for the exit. Another student approaches Christiano.)

Student #1: Hi. Would you be interested in doing a study group to help prepare for the exam?
Christiano: Sure. How many do you have so far?
Student #1: Well, now that you're in, there are two people.
Christiano: Oh, I see. Uh...
Student #1: Don't worry. All we have to do is grab a few more people before they leave.

(Christiano agrees. The two students split up to find more members to add to their newly formed group.)

Christiano: Hello. Are you looking for a study group for the semester test?
Student #2: That actually sounds like a good idea. I'll join.
Christiano: OK, great. Now we just need a time and place.

(Christiano and four other students form a circle to arrange the time and place of the meeting.)

Student #1: I was thinking we could meet this Friday at 6 p.m. at the library. Does that sound good with everybody?

(The students agree, exchange contact information, and split up shortly after.)

CAPÍTULO 18:
PEDINDO O ALMOÇO

(Christiano se vê pedindo uma salada para almoçar na praça de alimentação do campus.)

Funcionário: Oi. Bem-vindo ao Salad Express. O que você quer pedir?

Christiano: Oi. Eu gostaria de pedir uma salada.

Funcionário: OK. Gostaria de espinafre ou alface romana?

Christiano: Eu vou querer alface romana.

Funcionário: E quais legumes você gostaria?

Christiano: Aipo, cebola, pimentão e pepino, por favor.

Funcionário: OK. Gostaria de outras coberturas?

Christiano: Sim. Vou querer cajus, framboesas, croutons e tiras de tortilla.

Funcionário: Dito e feito. E qual molho posso trazer?

Christiano: Eu vou querer o italiano de baixa caloria, por favor.

Funcionário: Tudo bem. Quer petiscos ou bebidas com o seu pedido?

Christiano: Vou querer batata frita e um refrigerante diet. É isso.

Funcionário: OK. É para comer aqui ou para levar?

Christiano: Comer aqui.

(Christiano nota, de longe, uma grande aglomeração de mais de 100 estudantes saindo juntos.)

Christiano: Oi, alguma ideia do que está acontecendo com aquela multidão ali?

Funcionário: Ah, não tenho certeza. Meu palpite é que isso tem algo a ver com a manifestação no campus hoje.

Questões de Compreensão

1. Quais das seguintes opções NÃO são consideradas acompanhamentos?
   - A. Aipo, cebola, pimentão e pepino
   - B. Espinafre, alface romana, alface e couve
   - C. Batata, batata-doce, milho e abóbora
   - D. Azeitona, tomate, abacate e abóbora

2. Quais dos seguintes alimentos são normalmente considerados nozes?
   - A. Cajus, cocos e passas
   - B. Castanhas de caju, macadâmias e croutons
   - C. Cajus, azeitonas e nozes
   - D. Cajus, amêndoas e amendoins

3. Qual das seguintes alternativas melhor descreve o que é um refrigerante diet?
   - A. Um refrigerante de tamanho menor
   - B. Uma bebida que causa perda de peso
   - C. Uma bebida que é cientificamente comprovada como de melhor sabor que o refrigerante regular
   - D. Uma bebida gaseificada com pouco ou nenhum açúcar, aromatizada com adoçantes artificiais

English Translation

(Christiano finds himself ordering a salad for lunch at the campus food court.)

Employee: Hi. Welcome to Salad Express. What do you want to order?

Christiano: Hello. I'd like to order a salad.

Employee: OK. Would you like spinach or romaine lettuce?

Christiano: I'll take romaine lettuce.

Employee: And which vegetables would you like?

Christiano: Celery, onion, bell pepper, and cucumber, please.

Employee: OK. And would you like any other toppings?

Christiano: Yeah. I'll have cashews, raspberries, croutons, and tortilla strips.

Employee: Said and done. And which dressing can I get you?

Christiano: I'll have the low-calorie Italian, please.

Employee: Alright. Do you want any snacks or drinks with your order?

Christiano: I'll take French fries and a diet soda. That's it.

Employee: OK. Is this for here or to go?

Christiano: For here.

(Christiano notices, in the distance, a large gathering of more than 100 students walking off together.)

Christiano: Hey, any idea what's going on with that crowd over there?

Employee: Ah, I'm not sure. My guess is that it has something to do with the rally on campus today.

CAPÍTULO 19:
SALA DE ESTUDOS

(Christiano e outros quatro alunos da sua turma de História se reuniram para compartilhar anotações e preparar-se para o exame.)

Estudante Nº 1: Então, sabemos que a prova será composta por 20 perguntas de múltipla escolha, seguidas de uma pergunta dissertativa.

Estudante Nº 2: Certo. E a pergunta dissertativa é 50% da nota da prova. Agora, temos alguma ideia de qual será o tema da pergunta escrita?

Estudante Nº 1: Não, mas podemos adivinhar. Alguma ideia?

Christiano: Gostaria de saber se será o Império Romano e Júlio César. O professor realmente gosta desse tema.

Estudante Nº 2: Talvez. Eu estava pensando que seria Alexandre, o Grande. O professor fez muitas palestras sobre os detalhes da vida dele.

Estudante Nº 3: E se todos nós estudássemos muito sobre Alexandre, o Grande e, depois, Genghis Khan fosse o tema da pergunta escrita?

Christiano: E se a pergunta for sobre os três?

(Os cinco alunos murmuram simultaneamente, em concordância.)

Estudante Nº 1: Tem que ser assim. As palestras focam muito nos impérios como um reflexo dos líderes.

Estudante Nº 4: Desculpe interromper. Você quer dizer que a pergunta dissertativa será sobre impérios ou líderes?
Christiano: Essa é uma boa pergunta. Difícil de dizer.

Questões de Compreensão

1. Como serão distribuídas as perguntas da prova?
   A. A prova conterá 20 perguntas, algumas das quais são de múltipla escolha e outras serão dissertativas.
   B. A prova conterá 20 questões de múltipla escolha e uma questão dissertativa.
   C. A prova conterá 20 questões dissertativas, que você pode optar por responder de várias maneiras.
   D. A prova conterá 20 perguntas.

2. Quais são os três líderes que foram mencionados na conversa, neste capítulo?
   A. O Império Romano, o Império Macedônio e o Império Mongol
   B. Christiano, Heitor e Francisca
   C. Alexandre, o Grande, Napoleão Bonaparte e o professor
   D. Júlio César, Alexandre, o Grande, e Genghis Khan

3. Por que a pergunta dissertativa da prova é tão importante?
   A. Porque não haverá prova final
   B. Porque conta como metade da nota do aluno na prova
   C. Porque o professor não gosta de perguntas de múltipla escolha
   D. Porque essa é a única pergunta na prova

English Translation

(Christiano and four other students from his history class met to share notes and prepare for the exam.)

Student #1: So, we know that the test will consist of 20 multiple-choice questions followed by an essay question.

Student #2: Right. And the essay question is 50 percent of the exam's grade. Now, do we have any idea what the written question will be about?

Student #1: No, but we can guess. Any ideas?

Christiano: I wonder if it will be the Roman Empire and Julius Caesar. The professor really likes that topic.

Student #2: Maybe. I was thinking it's going to be Alexander the Great. The professor gave a lot of lectures on the details of his life.

Student #3: What if we all studied real hard on Alexander the Great, and then Genghis Khan was the subject of the written question?

Christiano: What if the question is on all three?

(The five students mumble simultaneously in agreement.)

Student #1: It has to be that way. The lectures focus a lot on empires as a reflection of leaders.

Student #4: Sorry to interrupt. Do you mean that the essay question will be on empires or leaders?

Christiano: That's a good question. Hard to say.

CAPÍTULO 20:
DE UMA TERRA ESTRANGEIRA

(Os cinco alunos estão dando uma pausa na revisão no momento. Christiano aproveita a oportunidade para aprender mais sobre o aluno estrangeiro no grupo.)

Christiano: Oi, qual é o seu nome?

Lin: Meu nome é Lin. Prazer em conhecê-lo.

Christiano: Prazer em conhecê-lo também. De onde você é?

Lin: Eu sou da China, mas vim ao Brasil para estudar administração e economia.

Christiano: Ah, é? Como está indo?

Lin: Hum, é difícil. Eu preciso estudar mais.

Christiano: Mesma coisa comigo, mas quanto mais eu estudo, mais me sinto perdido. É difícil para todos nós.

Lin: Hmm, talvez algumas viagens possam ajudar. Você já viajou para fora do seu país?

Christiano: Não.

Lin: Eu definitivamente recomendo. Você aprende muito sobre o mundo e sobre você mesmo, também. Isso pode te ajudar a descobrir o que realmente deseja.

Christiano: Isso parece legal.

Lin: Você poderia ir para a China!

Christiano: Aprender chinês parece um pouco difícil. Eu estava pensando na Europa, na verdade.

Questões de Compreensão

1. Por que Lin veio ao Brasil?
   A. Para estudar administração e economia
   B. Para iniciar um negócio na economia brasileira
   C. Para estudar administração e comunicação internacionais
   D. Para abrir uma empresa de consultoria de negócios e economia

2. Para onde Christiano já viajou antes?
   A. Oriente Médio
   B. Austrália
   C. Antártica
   D. Nenhuma das alternativas acima

3. Viajar pelo mundo pode fazer o seguinte por você, EXCETO...
   A. Te ensinar sobre você mesmo(a).
   B. Te ensinar sobre o mundo.
   C. Te ajudar a descobrir qual é a pergunta da prova.
   D. Te ajudar a descobrir o que realmente deseja.

English Translation

(The five students are taking a break from the review at the moment. Christiano takes this opportunity to learn more about the foreign student in the group.)

Christiano: Hi, what's your name?

Lin: My name is Lin. Nice to meet you.

Christiano: Nice to meet you, too. Where are you from?

Lin: I'm from China, but I came to Brazil to study business and economics.

Christiano: Oh, yeah? How's that going?

Lin: Um, it's hard. I need to study more.

Christiano: Same thing with me, but the more I study, the more lost I feel. It's hard for all of us.

Lin: Hmm, maybe some traveling can help. Have you ever traveled outside of your country?

Christiano: No.

Lin: I definitely recommend it. You learn so much about the world and yourself, too. It can help you find out what you really want.

Christiano: That sounds nice.

Lin: You could go to China!

Christiano: Learning Chinese sounds a little hard. I was thinking about Europe, actually.

CAPÍTULO 21:
LAR, DOCE LAR

(Christiano acabou de terminar o seu turno de trabalho e se prepara para ir para casa, quando faz uma pergunta à Francisca.)

Christiano: Oi, Francisca. Você já viajou para o exterior?

Francisca: Sim, mas foi há muito tempo.

Christiano: Ah, é? Para onde?

Francisca: Suécia. Eu visitei a família por alguns meses.

Christiano: Sério? Como foi?

Francisca: Muito frio. Nossa, estava frio! Eu tive que usar um casaco pesado enquanto todo mundo estava vestindo apenas camisas de mangas compridas. Foi uma loucura!

Christiano: Você se divertiu enquanto congelava, pelo menos?

Francisca: Adorei lá. Eu fazia caminhadas o tempo todo nas montanhas. Foi o lugar mais bonito que eu já vi.

Christiano: Nossa. Por que não morar lá por mais tempo, então?

Francisca: Eu cresci aqui no Brasil. Aprendi que esta é minha casa. Aqui é meu lugar.

Christiano: Não tenho certeza se eu sinto o mesmo. É chato, aqui. Na verdade, eu estava pensando em fazer algumas viagens.

Francisca: Ah, é? Para onde?

Christiano: Não faço ideia. Talvez à Europa.

Francisca: Você realmente deveria. Isso te dá uma perspectiva totalmente nova do mundo.

Christiano: Sim. Será que devo fazer um programa de estudos no exterior?

Francisca: Eu faria. Faça isso antes que seja tarde demais. Depois de casar e ter filhos, o jogo acaba! Esqueça ter uma vida a essa altura.

Questões de Compreensão

1. O que Francisca pensa sobre seu tempo na Suécia?
    A. Embora estivesse extremamente frio, ela acabou adorando a viagem.
    B. Ela odiou tudo.
    C. Ela ficou indiferente a toda a experiência.
    D. Apesar de sentir saudades de casa, ocasionalmente, passou um tempo maravilhoso, no geral.

2. Por que Francisca voltou para o Brasil?
    A. A Suécia era muito fria.
    B. Ela sente que o Brasil é seu lar.
    C. Os impostos são muito altos na Suécia.
    D. O Brasil é um país melhor para começar uma família.

3. Viver em um país estrangeiro e frequentar uma universidade estrangeira como estudante é chamado...
    A. Ter uma vida;
    B. Português no exterior;
    C. Estudar no exterior;
    D. Ter uma perspectiva totalmente nova.

English Translation

(Christiano has just finished his work shift and is getting ready to go home when he asks Francisca a question.)

Christiano: Hey, Francisca. Have you ever traveled abroad?
Francisca: Yeah, but it was a long time ago.
Christiano: Oh, yeah? Where to?
Francisca: Sweden. I visited the family for a few months.
Christiano: Really? How was it?
Francisca: Very cold. Wow, it was cold! I had to wear a heavy coat while everyone else was wearing just long-sleeved shirts. It was crazy!
Christiano: Did you have fun while you were freezing at least?
Francisca: I loved it there. I was hiking all the time in the mountains. It was the most beautiful place I've ever seen.
Christiano: Wow. Why not live there longer, then?
Francisca: I grew up here in Brazil. I've learned that this is my home. This is my place.
Christiano: I'm not sure I feel the same. It's boring here. Actually, I've been thinking about taking some trips.
Francisca: Oh, yeah? Where to?
Christiano: I have no idea. Maybe to Europe.
Francisca: You definitely should. It gives you a whole new perspective on the world.
Christiano: Yeah. Should I do a study abroad program?
Francisca: I would. Do it before it's too late. After getting married and having kids, the game is over! Forget about having a life at that point.

CAPÍTULO 22:
PAUSA PARA O SORVETE

(Enquanto fazem uma pausa nos videogames, Christiano e Heitor decidem tomar um sorvete e dar um passeio pelo parque.)

Christiano: Nossa, o tempo está perfeito hoje.

Heitor: Sim, perfeito para ficar dentro de casa e jogar.

Christiano: Tenho a sensação de que você diria isso independentemente do clima.

Heitor: Mas é claro! Também, este sorvete é incrível. Esse sabor de morango é tão bom!

Christiano: Morango não é ruim. Mas sempre acabo escolhendo baunilha ou chocolate. Assim não pode dar errado.

Heitor: O que você pegou agora?

Christiano: Desta vez fui de baunilha.

Heitor: Ah. Queria saber se eles vendem esse sorvete nos três sabores.

Christiano: Você quer dizer chocolate, morango e baunilha?

Heitor: Sim! Eu esqueci o nome. Era o sabor de Napoleão?

Christiano: Napolitano.

Heitor: Ah, sim. Pensei que fosse Napoleão, por um segundo.

Christiano: Isso não faria sentido.

Heitor: Quando você conquista metade do mundo em determinado momento, costuma ter muitas coisas com o seu nome, como o complexo de Napoleão.

Christiano: Isso é verdade. Mas, espera. Isso me faz pensar. Por que não consigo pensar em nada com o nome de Genghis Khan?

Questões de Compreensão

1. No intervalo do jogo de videogame, o que Christiano e Heitor fizeram?
    A. Eles compraram chantilly e correram pelo parque.
    B. Eles compraram creme de barbear e deram uma volta pelo parque de diversões.
    C. Eles compraram sorvete e deram um passeio pelo parque.
    D. Eles usaram o tempo para estudar um pouco de História.

2. Quais são os três sabores contidos no sorvete napolitano?
    A. Cacau, mirtilo e baunilha
    B. Chocolate, morango e baunilha
    C. Chocolate, morango e banana
    D. Cacau, morango e baunilha

3. Segundo Heitor, quando você conquista metade do mundo em algum momento do tempo...
    A. Tende a ver muitas coisas com o seu nome.
    B. Tende a ver muitas coisas com nomes diante de você.
    C. Tende a ver muitas coisas batizadas em sua honra.
    D. Há muitas coisas que tendem a ser batizadas em sua honra.

English Translation

(While they take a break from video games, Christiano and Heitor decide to have an ice cream and take a walk through the park.)

Christiano: Wow, the weather is perfect today.

Heitor: Yup, perfect for staying indoors and playing.

Christiano: I have a feeling you would say that regardless of the weather.

Heitor: But of course! Also, this ice cream is amazing. This strawberry flavor is so good!

Christiano: Strawberry's not bad. But I always end up choosing vanilla or chocolate. That way you can't go wrong.

Heitor: What did you get now?

Christiano: This time I went with vanilla.

Heitor: Ah. I was wondering if they sell that ice cream in all three flavors.

Christiano: You mean chocolate, strawberry, and vanilla?

Heitor: Yeah! I forgot the name. Was it Napoleon flavor?

Christiano: Neapolitan.

Heitor: Oh, yeah. I thought it was Napoleon for a second.

Christiano: That would make no sense.

Heitor: When you conquer half of the world at any given point in time, you usually have a lot of things named after you, like the Napoleon complex.

Christiano: That is true. But wait. That makes me wonder. Why can't I think of anything named after Genghis Khan?

CAPÍTULO 23:
ESCAPANDO DA REALIDADE

(Christiano e Heitor estão conversando no sofá depois de terminarem uma sessão de jogo.)

Heitor: Se você vai para o exterior, precisa ir para o Japão. É uma obrigação.

Christiano: Eu não sei. Japonês parece muito difícil.

Heitor: Mano, consiga uma namorada japonesa e você aprenderá super-rápido. Você ficará completamente imerso.

Christiano: Se isso fosse verdade, todos os turistas não voltariam falando fluentemente em japonês?

Heitor: Uma semana ou duas não é o suficiente. Você ficará lá por, pelo menos, seis meses. Pense nisso. Você pega todos os jogos e animes mais recentes no dia em que eles são lançados no Japão.

Christiano: Talvez. É uma possibilidade. Mas se tudo isso parece tão bom, por que você não estuda lá?

Heitor: A única coisa que quero estudar é como ganhar desse chefão que estamos morrendo de vontade de vencer.

Christiano: Você não se preocupa com o seu futuro?

Heitor: Esse é um problema para o Heitor do futuro.

Christiano: Você pensa em novas maneiras de procrastinar todos os dias, eu juro. É impressionante, na verdade.

Heitor: Eu sou bom demais.

Christiano: O que eu vou fazer com você?

Heitor: Me ajude a vencer esse chefão, é claro.

(Christiano solta um longo suspiro e balança a cabeça lentamente. Após alguns segundos de silêncio, pega o controle, pronto para jogar novamente.)

Questões de Compreensão

1. A imersão na linguagem implica qual das seguintes opções?
   A. Aprender um idioma enquanto se está debaixo d'água
   B. Aprender um idioma através da exposição ininterrupta à linguagem
   C. Aprender um idioma através da realidade virtual imersiva
   D. Aprender um idioma através do turismo

2. Por que Heitor acha que Christiano deveria viajar para o Japão?
   A. É muito melhor que a China.
   B. Ele pode desfrutar de todos os mais recentes animes e videogames no dia em que são lançados no Japão.
   C. O japonês é a língua mais fácil de aprender.
   D. As namoradas japonesas são as melhores amigas para se ter.

3. Como Heitor impressiona Christiano neste capítulo?
   A. Ele é muito persistente em convencer Christiano a ir para o Japão.
   B. Ele pensa em novas maneiras de procrastinar.
   C. Ele pensa em uma maneira de vencer o chefão no jogo.
   D. Ele é a pessoa mais estranha que Christiano já conheceu.

English Translation

(Christiano and Heitor are chatting on the couch after finishing a gaming session.)

Heitor: If you're going abroad, you need to go to Japan. It's a must.

Christiano: I don't know. Japanese sounds pretty hard.

Heitor: Bro, get a Japanese girlfriend, and you'll learn super-fast. You'll be completely immersed.

Christiano: If that were true, wouldn't all tourists come back speaking fluently in Japanese?

Heitor: A week or two isn't enough. You'll be there for at least six months. Think about it. You get all the latest games and anime the day they are released in Japan.

Christiano: Maybe. It's a possibility. But if all this sounds so good, why don't you study there?

Heitor: The only thing I want to study is how to beat this boss we are dying to beat.

Christiano: Don't you worry about your future?

Heitor: That's future Heitor's problem.

Christiano: You think of new ways to procrastinate every day, I swear. It's impressive, actually.

Heitor: I'm too good.

Christiano: What am I going to do with you?

Heitor: Help me beat this boss, of course.

(Christiano lets out a long sigh and shakes his head slowly. After a few seconds of silence, he picks up his controller, ready to play again.)

CAPÍTULO 24:
REPAROS AUTOMOTIVOS

(O carro de Christiano tem agido de forma estranha ultimamente. Ele o levou a um mecânico local para ajudar a diagnosticar e resolver o problema.)

Mecânico: Oi. O que eu posso fazer por você hoje?

Christiano: Oi. Meu carro tem se comportado de um jeito esquisito ultimamente. Quando paro no semáforo, o carro inteiro começa a vibrar. Assim que começo a me mover, a vibração para. Fora isso, o carro está funcionando bem.

Mecânico: OK, entendo. Deixa eu dar uma olhada e fazer um teste rápido. Enquanto isso, sente-se ali no salão. Eu venho te chamar quando estiver pronto.

Christiano: Tudo bem. Obrigado.

(Enquanto Christiano assiste à TV e toma uma xícara de café no salão, o mecânico abre o capô do carro e olha mais de perto o problema. Após cerca de 30 minutos, o mecânico chama Christiano para a recepção.)

Mecânico: Então, eu verifiquei o básico. Descobri que o óleo está bom. A transmissão está boa. Os pneus estão bons. A bateria não tem problema. Não há vazamento em nenhum lugar. Então, é mais provável que seja um problema nas velas de ignição.

Christiano: Oba! Que notícia boa! Eu pensei que era a transmissão.

Mecânico: Não. De modo algum. Agora, podemos substituir todas as velas e cilindros hoje com nosso serviço de ajuste especial. Tudo bem para você?

Christiano: Você precisa substituir os cilindros também? Quanto isso vai custar?

Mecânico: Bom, o serviço de ajuste para este modelo mais antigo manteria seu carro funcionando por muito mais tempo. Se fizermos o ajuste completo, ele chegará a um total de R$ 2.300,00.

Christiano: Meu Deus! Não tenho certeza se posso pagar por isso. Posso dar um telefonema rápido?

Questões de Compreensão

1. O que é um sinônimo para a frase "comportar-se de um jeito esquisito"?

    A. Agir de forma estranha

    B. Atuar

    C. Agir em conformidade

    D. Agir rápido

2. Qual parece ser o principal problema do carro de Christiano?

    A. As velas de ignição estão com defeito.

    B. A transmissão está quebrada.

    C. Os pneus estão vazios.

    D. Os cilindros não são cilíndricos.

3. Por que o mecânico recomenda o serviço de ajuste especial?

    A. Porque ele quer ser o novo amigo de Christiano

    B. Porque poderia ajudar um veículo de modelo antigo a durar mais tempo

    C. Porque dará ao veículo aquele cheiro de carro novo

    D. Porque ajustará o carro para que esteja pronto para as corridas de arrancada

English Translation

(Christiano's car has been acting strange lately. He took it to a local mechanic to help diagnose and solve the problem.)

Mechanic: Hi. What can I do for you today?

Christiano: Hello. My car has been acting up lately. When I stop at a traffic light, the whole car starts vibrating. As soon as I start moving, the vibrating stops. Other than that, the car is working fine.

Mechanic: OK, I see. Let me take a quick look at it and do a quick test. In the meantime, have a seat over there in the lounge. I'll come and call you when I'm ready.

Christiano: Alright. Thanks.

(While Christiano watches TV and drinks a cup of coffee in the lounge, the mechanic opens the hood of the car and looks more closely at the problem. After around 30 minutes, the mechanic calls Christiano to the front desk.)

Mechanic: So, I checked the basics. I found that the oil is good. The transmission is good. The tires are fine. The battery is fine. There's no leakage anywhere. So, it's more likely to be a spark plug problem.

Christiano: Yay! That's good news! I thought it was the transmission.

Mechanic: Nope. Not at all. Now, we can replace all the spark plugs and cylinders for you today with our special tune-up service. Is that all right with you?

Christiano: Do you need to replace the cylinders too? How much will that cost?

Mechanic: Well, the tune-up service for this older model would keep your car running much longer. If we do the full tune-up, it will reach a total of 2,300 BRL.

Christiano: Oh my god! I'm not sure I can afford that. Can I make a quick phone call?

CAPÍTULO 25:
UMA SEGUNDA OPINIÃO

(Christiano está no telefone com sua mãe.)

Mãe: Alô?

Christiano: Oi mãe. Estou aqui na oficina mecânica e queria saber se temos dinheiro suficiente para pagar o conserto.

Mãe: Quanto custa?

Christiano: R$ 2.300,00.

Mãe: Nossa! Qual é o problema? O que eles estão trocando?

Christiano: Eles disseram que são as velas de ignição e, possivelmente, os cilindros.

Mãe: Querido, isso não custa R$ 2.300,00 para consertar. Podemos trocar tudo isso por menos de R$ 600,00.

Christiano: Mas eles ofereceram o serviço de ajuste para garantir que o carro funcione melhor.

Mãe: Isso é chamado de tirar proveito das pessoas. Os mecânicos sabem que a maioria das pessoas não entende de carros; então, oferecem todos os tipos de serviços caros para aumentar o preço. É uma porcaria desnecessária que você não precisa.

Christiano: Ah, tudo bem. Então, onde devemos conseguir as peças do carro?

Mãe: É mais barato encomendá-las on-line. Vamos fazer isso hoje à noite.

Christiano: Mas como vou para a escola amanhã?

Mãe: Bom, eu vou ter que levá-lo até que as peças cheguem.

Christiano: Ok. E eu não sei o que dizer para o Heitor. Ele precisa de uma carona para trabalhar amanhã.
Mãe: O Heitor conseguiu um emprego?

Questões de Compreensão

1. O que a mãe de Christiano pensa sobre a oferta do mecânico?
   A. Ela acha que Christiano deveria tirar proveito do acordo.
   B. Ela acha que outro mecânico poderia oferecer um acordo melhor.
   C. Ela acha que Christiano está tirando vantagem do mecânico.
   D. Ela acha que Christiano está sendo enganado.

2. Se você é especialista em carros, isso significa que...
   A. você tem pouco ou nenhum conhecimento e experiência com carros;
   B. você é conhecedor e experiente em ser ingênuo;
   C. você tem muito conhecimento e experiência com carros;
   D. você é ingênuo quando se trata de carros.

3. Como Christiano irá às aulas amanhã?
   A. Heitor vai levá-lo.
   B. Heitor começará a trabalhar em um novo emprego.
   C. Sua mãe vai pedir carona para ele.
   D. Sua mãe vai levá-lo.

English Translation

(Christiano is on the phone with his mom.)

Mom: Hello?

Christiano: Hi, Mom. I'm here at the repair shop, and was wondering if we have enough money to pay for the repair.

Mom: How much is it?

Christiano: 2,300 BRL.

Mom: Oh lord! What is the issue? What are they replacing?

Christiano: They said it's the spark plugs and possibly the cylinders.

Mom: Honey, that does not cost 2,300 BRL to fix. We could change all of that for less than 600 BRL.

Christiano: But they offered their tune-up service to make sure the car runs better.

Mom: That's called taking advantage of people. The mechanics know most people don't understand cars; so, they offer all kinds of expensive services to drive up the price. It's all unnecessary crap you don't need.

Christiano: Oh, OK. So, where should we get the car parts?

Mom: It's cheaper to order them online. Let's do that tonight.

Christiano: But how will I get to school tomorrow?

Mom: Well, I'll just have to take you until the parts come in.

Christiano: OK. And I'm not sure what to tell Heitor. He needs a ride to work tomorrow.

Mom: Heitor got a job?

CAPÍTULO 26:

SAINDO DO NINHO

(Depois de consertarem o carro, Christiano e sua mãe relaxam tomando um chá e comendo alguns petiscos.)

Christiano: Isso realmente não foi tão ruim. Eu pensei que seria muito mais difícil.

Mãe: Eu te disse!

Christiano: Onde você aprendeu tudo isso sobre carros? Com o papai?

Mãe: De jeito nenhum. Eu tive que aprender muito sozinha, para sobreviver como mãe solteira. Você tem que economizar sempre que puder.

Christiano: Imaginei que porque ele era bom em reparos eletrônicos também era bom em outros tipos de máquinas.

Mãe: Ele poderia, pelo menos, ter ensinado um pouco disso antes de ir embora.

Christiano: Sim, bem, ele não fez. E isso foi há muito tempo, certo?

Mãe: Já se passaram 10 anos.

Christiano: Então, só para constar, acho que decidi o que quero fazer na faculdade.

Mãe: Ah, o que é?

Christiano: Eu acho que quero tentar estudar no exterior.

Mãe: Ah, é? Onde?

Christiano: Ainda não decidi, mas estou pensando em algum lugar da Europa.

Mãe: O que fez você decidir viajar?

Christiano: Eu sinto que tenho que sair por conta própria e começar algum tipo de jornada.

Mãe: Você poderia fazer isso aqui também. Basta conseguir um emprego e seu próprio apartamento.

(Christiano franze a boca e olha pela janela enquanto um longo silêncio enche a sala.)

Mãe: Se você quiser ir, terá que encontrar uma maneira de se sustentar. Não temos dinheiro suficiente para isso.

Christiano: Então eu vou ter que encontrar um caminho.

Questões de Compreensão

1. Onde a mãe de Christiano aprendeu sobre conserto de carros?
   A. Ela aprendeu com o pai de Christiano.
   B. Ela aprendeu por si mesma para economizar dinheiro.
   C. Ela é mecânica de profissão.
   D. Todas as mães solteiras sabem como consertar um carro.

2. O pai de Christiano era hábil em que tipo de consertos?
   A. Elétrico
   B. Eletricista
   C. Eletrônico
   D. Eletricidade

3. O que fez Christiano decidir viajar?
   A. Ele quer ir encontrar o pai.
   B. Ele quer começar uma espécie de jornada.
   C. Ele quer encontrar o amor de sua vida.
   D. Ele quer impressionar sua mãe.

English Translation

(After fixing the car, Christiano and his mom relax by having some tea and eating some snacks.)

Christiano: That actually wasn't too bad. I thought it would be much more difficult.

Mom: I told you!

Christiano: Where did you learn all this about cars? From Dad?

Mom: Absolutely not. I had to learn a lot on my own to survive as a single mom. You have to save whenever you can.

Christiano: I figured that because he was good with electronic repairs he was also good with other kinds of machines.

Mom: He could have at least taught you some of that before he left.

Christiano: Yeah, well, he didn't. And that was a long time ago, right?

Mom: It's been 10 years.

Christiano: So, just for the record, I think I've decided what I want to do in college.

Mom: Oh, what's that?

Christiano: I think I want to try studying abroad.

Mom: Oh, yeah? Where?

Christiano: I haven't decided yet, but I'm thinking somewhere in Europe.

Mom: What made you decide to travel?

Christiano: I feel like I have to go out on my own and start some sort of journey.

Mom: You could do that here, too. Just get a job and your own apartment.

(Christiano shuts his lips and looks out the window as a long silence fills the room.)

Mom: If you want to go, you'll have to find a way to support yourself. We don't have enough money for that.

Christiano: Then I'll have to find a way.

CAPÍTULO 27:
A GRANDE PROMOÇÃO

(Christiano está na pizzaria, negociando com Francisca uma promoção para uma posição administrativa.)

Francisca: Você tem certeza disso? Não faça isso a menos que tenha 100% de certeza.

Christiano: Eu tenho 100% de certeza. Eu tenho que ganhar dinheiro de alguma forma, e isso também permitirá que você tire uma folga.

Francisca: Eu estou preocupada em saber se você pode ou não lidar com o novo nível de estresse de ser gerente. A responsabilidade do trabalho mais os trabalhos da faculdade afetarão você com o tempo.

Christiano: Você disse que me promoveria em um piscar de olhos, não é?

Francisca: Eu não achei que você iria querer o emprego.

Christiano: Nem eu, até recentemente. Sinto que a minha vida não está indo em nenhuma direção agora. Então, preciso resolver isso economizando dinheiro para viajar para o exterior.

Francisca: Você disse que vai sair daqui a um ano para fazer isso?

Christiano: Isso mesmo.

Francisca: Bom, mesmo que seja apenas um ano eu prefiro ter um gerente temporário do que nenhum gerente. Assim, dito isto, seja bem-vindo a bordo, gerente Christiano.

(Francisca estende a mão com prazer e Christiano estende a dele com confiança para ela. Eles apertam as mãos.)

Francisca: Deixa que eu te mostro o escritório.
Christiano: Claro.

(Escondida atrás das enormes pilhas de papelada, Christiano nota uma foto emoldurada de um adolescente sentado na mesa.)

Francisca: Acho que o melhor lugar para começar é o que você mais vai fazer como gerente aqui, que é supervisionar a equipe. Você costuma ser muito bom em lidar com pessoas, mas lembre-se de que esse é um nível totalmente diferente!

Questões de Compreensão

1. Quando Francisca diz "A responsabilidade do trabalho mais os trabalhos da faculdade afetarão você com o tempo", ela quer dizer...

   A. isso vai te cobrar uma taxa.

   B. isso vai te dar dinheiro.

   C. isso vai drenar sua energia.

   D. isso vai te dar mais energia.

2. Fazer algo em um piscar de olhos significa...

   A. fazer enquanto está assustado(a).

   B. fazer imediatamente.

   C. fazer em pânico.

   D. fazer com paixão.

3. O que há na mesa de Francisca, no escritório?

   A. Pilhas de papéis e um retrato emoldurado

   B. Pilhas de papéis e um adolescente

   C. Pilhas de dinheiro e um autorretrato de Francisca

   D. Pilhas de caixas de pizza e queijo queimado

English Translation

(Christiano is at the pizzeria, negotiating with Francisca for a promotion to a management position.)

Francisca: Are you sure about this? Don't do it unless you're 100 percent sure.

Christiano: I'm 100 percent sure. I have to make the money somehow, and this will also allow you to take time off.

Francisca: I'm worried about whether or not you can handle the new level of stress of being a manager. The responsibility of the job plus your schoolwork will affect you over time.

Christiano: You said you'd promote me in the blink of an eye, didn't you?

Francisca: I didn't think you'd want the job.

Christiano: Neither did I until recently. I feel like my life isn't going in any direction right now. So, I need to fix that by saving money to travel abroad.

Francisca: You said that you'll leave in a year to do that?

Christiano: That's right.

Francisca: Well, even if it's just a year, I'd rather have a temporary manager than no manager. So, with that said, welcome aboard Manager Christiano.

(Francisca extends her hand with pleasure, and Christiano reaches out with confidence to meet hers. They shake hands.)

Francisca: Let me show you around the office.

Christiano: Sure thing.

(Hidden behind the massive stacks of paperwork, Christiano notices a framed picture of a teenager sitting on the desk.)

Francisca: I think the best place to start is what you'll be doing the most as a manager here, which is supervising the team. You're usually pretty good at handling people, but remember that this is a whole other level!

CAPÍTULO 28:
SUA CONSULTA GRÁTIS

(Christiano está no escritório da coordenadora da faculdade para saber mais sobre o programa de estudos no exterior.)

Coordenadora: Você já viajou para fora do País?

Christiano: Eu não, senhora.

Coordenadora: OK. E o que você espera ganhar ao participar do nosso programa?

Christiano: Eu acho que estudar no exterior me ajudará a encontrar meu lugar no mundo.

Coordenadora: Eu acho que pode. Agora, você está disposto a estudar e aprender uma língua estrangeira?

Christiano: Claro.

Coordenadora: Você tem alguma experiência em aprender um novo idioma?

Christiano: Tive algumas aulas no ensino médio.

Coordenadora: Muito bem. Você tem alguma pergunta para mim sobre o nosso programa?

Christiano: Eu estou curioso. Como você se tornou coordenadora aqui?

Coordenadora: Ah! Bom, eu fiz minha própria viagem de estudo para a Irlanda durante a faculdade e adorei cada segundo. Por isso, eu queria ajudar outras pessoas a terem a mesma experiência pelo menos uma vez na vida.

Christiano: Ah, isso é legal. Posso fazer outra pergunta?

Coordenadora: Claro. O que é?

Christiano: Você já sentiu saudades de casa enquanto estava no exterior?

Coordenadora: Claro! Mas é um preço pequeno a pagar por uma experiência de mudança de vida. Há um ditado que resume isto muito bem: para realmente obter algo significativo, algo deve ser sacrificado.

Questões de Compreensão

1. O que Christiano espera ganhar ao participar do programa de estudos no exterior?
    - A. Ajuda para encontrar seu lugar no mundo
    - B. Ajuda para encontrar o mundo
    - C. Ajuda para colocar o mundo em si mesmo
    - D. Ajuda para si mesmo em seu lugar no mundo

2. Que tipo de experiência Christiano tem em aprender uma língua estrangeira?
    - A. Ele não tem experiência em aprender uma língua estrangeira.
    - B. Ele é faixa preta na aprendizagem de línguas estrangeiras.
    - C. Ele teve algumas aulas no ensino médio.
    - D. Ele teve aulas de karatê quando criança.

3. O que significa ter saudades de casa?
    - A. Sentir falta de casa enquanto se mora no exterior
    - B. Ficar doente em casa enquanto se mora no exterior
    - C. Estar doente enquanto se mora em casa
    - D. Perder um dia de trabalho porque alguém está doente

English Translation

(Christiano is at the office of the college coordinator to learn more about the study-abroad program.)

Coordinator: Have you ever traveled abroad?

Christiano: Not me, ma'am.

Coordinator: OK. And what do you hope to gain by participating in our program?

Christiano: I think studying abroad will help me find my place in the world.

Coordinator: I think you can. Now, are you willing to study and learn a foreign language?

Christiano: Of course.

Coordinator: Do you have any experience learning a new language?

Christiano: I took a few classes in high school.

Coordinator: Very well. Do you have any questions for me about our program?

Christiano: I'm curious. How did you become a coordinator here?

Coordinator: Ah! Well, I went on my own study trip to Ireland during college and loved every second of it. So, I wanted to help other people have that same experience at least once in their lives.

Christiano: Ah, that's cool. Can I ask another question?

Coordinator: Sure. What is it?

Christiano: Have you ever felt homesick while abroad?

Coordinator: Of course! But it's a small price to pay for a life-changing experience. There's a saying that sums it up quite nicely: to truly gain something meaningful, something must be sacrificed.

CAPÍTULO 29:
ENTREVISTA COM
UM POLIGLOTA

(Para saber mais sobre o aprendizado de idiomas, Christiano está assistindo a vídeos no YouTube. Um vídeo em particular chama sua atenção. É uma entrevista com um poliglota, que está discutindo como ele aprendeu oito idiomas diferentes.)

Entrevistador: Você está dizendo que não aprendeu nenhum desses idiomas durante a escola?

Poliglota: É isso mesmo. O inglês foi o primeiro que aprendi. Tive aulas de inglês durante a escola primária, mas parecia que estávamos apenas memorizando listas de palavras do vocabulário e regras gramaticais. Essas aulas não ajudaram a entender o inglês falado ou a falar como um nativo.

Entrevistador: Então, como você aprendeu essas coisas?

Poliglota: Na faculdade eu tinha muito tempo livre. Fiquei entediado assistindo à TV e aos filmes e jogando videogame depois da escola; então, decidi fazer algo mais desafiador com o meu tempo. Imaginei que aprender inglês seria a melhor coisa que eu poderia fazer. Passei todo o meu tempo livre assistindo a programas de TV e a filmes apenas em inglês, sem legendas em português.

Entrevistador: Nossa! A princípio, quanto disso você conseguiu entender?

Poliglota: Praticamente zero. Foi muito difícil no começo, mas também muito emocionante. Depois de alguns dias assistindo, comecei a perceber que certas palavras e frases estavam sendo repetidas várias vezes. Eu as escrevi no meu caderno e procurei-as on-line após o término de cada programa. Eu continuei repetindo este processo repetidamente. Depois de alguns meses, percebi que podia entender 90% do inglês na TV e no cinema. Logo depois, falar veio muito naturalmente. Fiquei tão impressionado com o processo de aprendizado que apliquei a mesma técnica ao maior número possível de línguas estrangeiras.

Questões de Compreensão

1. Qual foi o problema do poliglota nas aulas de inglês?
   A. Elas eram muito caras.
   B. Elas eram muito chatas e sem graça.
   C. Parecia que os professores não se importavam com o que estavam ensinando.
   D. Parecia que os alunos estavam apenas memorizando listas de palavras e regras gramaticais.

2. Como o poliglota aprendeu inglês durante a faculdade?
   A. Ele passou todo o seu tempo livre estudando e obtendo as melhores notas possíveis nas aulas.
   B. Ele passou todo o seu tempo livre assistindo à TV e aos filmes em inglês, sem legendas em português.
   C. Ele passou todo o seu tempo livre assistindo à TV e aos filmes em inglês com legendas em português.
   D. Ele passou todo o seu tempo livre memorizando listas de palavras do vocabulário e regras gramaticais.

3. Como o poliglota aprendeu as outras línguas estrangeiras?
   A. Ele escreveu certas palavras e frases várias vezes.
   B. Ele percebeu que podia entender 90% de qualquer outro idioma depois de aprender inglês.
   C. Ele repetiu as regras de vocabulário e gramática repetidamente, até que as memorizou.
   D. Ele aplicou a mesma técnica ao maior número possível de línguas estrangeiras.

English Translation

(To learn more about language learning, Christiano is watching videos on YouTube. One video in particular catches his attention. It's an interview with a polyglot, who is discussing how he learned eight different languages.)

Interviewer: You're saying you didn't learn any of these languages during school?

Polyglot: That's correct. English was the first one I learned. I took English classes during grade school, but it felt like we were just memorizing vocabulary word lists and grammar rules. Those classes did not help me understand spoken English or speak like a native.

Interviewer: So, how did you learn those things?

Polyglot: In college, I had a lot of free time. I got bored with watching TV and movies and playing video games after school, so I decided to do something more challenging with my time. I figured that learning English would be the best thing I could do. I spent all my free time watching TV shows and movies in only English, with no Portuguese subtitles.

Interviewer: Wow! At first, how much of it did you understand?

Polyglot: Practically zero. It was very hard at first but also very exciting. After a few days of watching, I started to realize that certain words and phrases were being repeated over and over. I wrote those down in my notebook, and I looked them up online after each show ended. I kept repeating this process over and over. After a few months, I realized I could understand 90 percent of the English on TV and in movies. Shortly after, speaking came very naturally. I was so impressed with the learning process that I applied the same technique to as many foreign languages as possible.

DID YOU ENJOY THE READ?

Thank you so much for taking the time to read our book! We hope that you have enjoyed it and learned more about real Portuguese conversation in the process!

If you would like to support our work, please consider writing a customer review on Amazon. It would mean the world to us!

We read each and every single review posted, and we use all the feedback we receive to write even better books.

ANSWER KEY

Chapter 1:	Chapter 2:	Chapter 3:
1) B	1) A	1) D
2) D	2) B	2) D
3) C	3) C	3) C

Chapter 4:	Chapter 5:	Chapter 6:
1) B	1) C	1) A
2) A	2) D	2) D
3) D	3) C	3) D

Chapter 7:	Chapter 8:	Chapter 9:
1) D	1) B	1) C
2) A	2) A	2) A
3) D	3) B	3) D

Chapter 10:	Chapter 11:	Chapter 12:
1) B	1) C	1) A
2) B	2) A	2) B
3) C	3) C	3) B

Chapter 13:	Chapter 14:	Chapter 15:
1) D	1) C	1) A
2) B	2) C	2) C
3) D	3) C	3) A

Chapter 16:	Chapter 17:	Chapter 18:
1) D	1) B	1) D
2) A	2) A	2) D
3) B	3) B	3) D

Chapter 19:
1) B
2) D
3) B

Chapter 20:
1) A
2) D
3) C

Chapter 21:
1) A
2) B
3) C

Chapter 22:
1) C
2) B
3) A

Chapter 23:
1) B
2) B
3) B

Chapter 24:
1) A
2) A
3) B

Chapter 25:
1) D
2) C
3) D

Chapter 26:
1) B
2) C
3) B

Chapter 27:
1) C
2) B
3) A

Chapter 28:
1) A
2) C
3) A

Chapter 29:
1) D
2) B
3) D

CPSIA information can be obtained
at www.ICGtesting.com
Printed in the USA
LVHW010720100622
720922LV00003B/356